Impressum
Verlag: BABADADA GmbH, Nedderfeld 112 , 22529 Hamburg
Geschäftsführer / Verlagsleitung: Harald Hof
Druck: Books on Demand GmbH, In de Tarpen 42, 22848 Norderstedt

Imprint
Publisher: BABADADA GmbH, Nedderfeld 112 , 22529 Hamburg, Germany
Managing Director / Publishing direction: Harald Hof
Print: Books on Demand GmbH, In de Tarpen 42, 22848 Norderstedt

shule

ቤት-ትምህርቲ

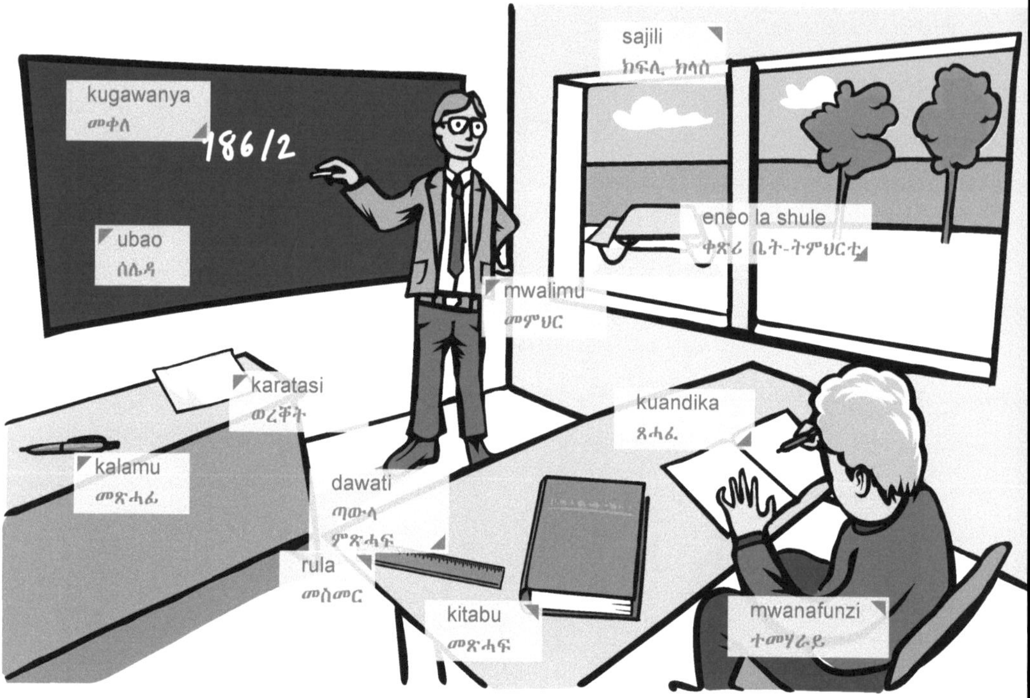
sajili
ክፍሊ ክላስ
kugawanya
መቀለ
186/2
ubao
ሰሌዳ
eneo la shule
ቀጽሪ ቤት-ትምህርቲ
mwalimu
መምህር
karatasi
ወረቐት
kuandika
ጸሓፈ
kalamu
መጽሓፊ
dawati
ጣውላ
ምጽሓፍ
rula
መስመር
kitabu
መጽሓፍ
mwanafunzi
ተመሃራይ

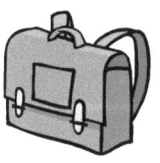

mkoba

ሳንጣ ትምህርቲ

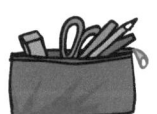

kikasha cha penseli

ሰፈር ብርዒ

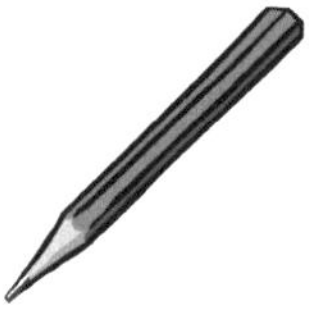

penseli

ርሳስ

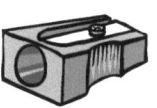

kichonga penseli

መብልሒ ርሳስ

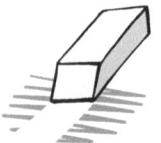

mpira

መደምሰሲ

pedi ya kuchora

ጥራዝ ስእሊ

uchoraji

ስእሊ.

brashi ya rangi

ብርኂ ቀለም

sanduku la rangi

ቦክስ ቀለም

mkasi

መቐስ

gundi

መጣበቒ

daftari

ጥራዝ መላመዲ

kazi ya nyumbani

ዕዮ ገዛ

nambari

ቁጽሪ

jumlisha

መስኺ

ondoa

ጎደለ

zidisha

ረብሐ

kokotoa

ደመረ

barua

ፊደል

alfabeti

ስርዓት ፊደላት

neno

ቃል

maandishi

ጽሑፍ

kusoma

አንበበ

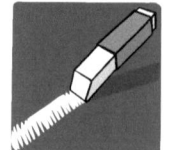

chaki

ኩርሽ

somo

ስዓት

sajili

መዝገብ ክላስ

uchunguzi

መርመራ

cheti

ሰርቲፊክት

sare za shule

ድቢዛ ቤት-ትምህርቲ

elimu

ትምህርቲ

elezo

ለክስ.ኮን

chuo kikuu

ዩኒቨርሲ.ቲ

darubini

ሚክሮስኮፕ

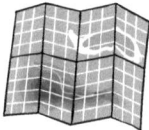

ramani

ካርታ

kikapu cha kuweka karatasi
chafu

ጎሓፍ ወረቓት

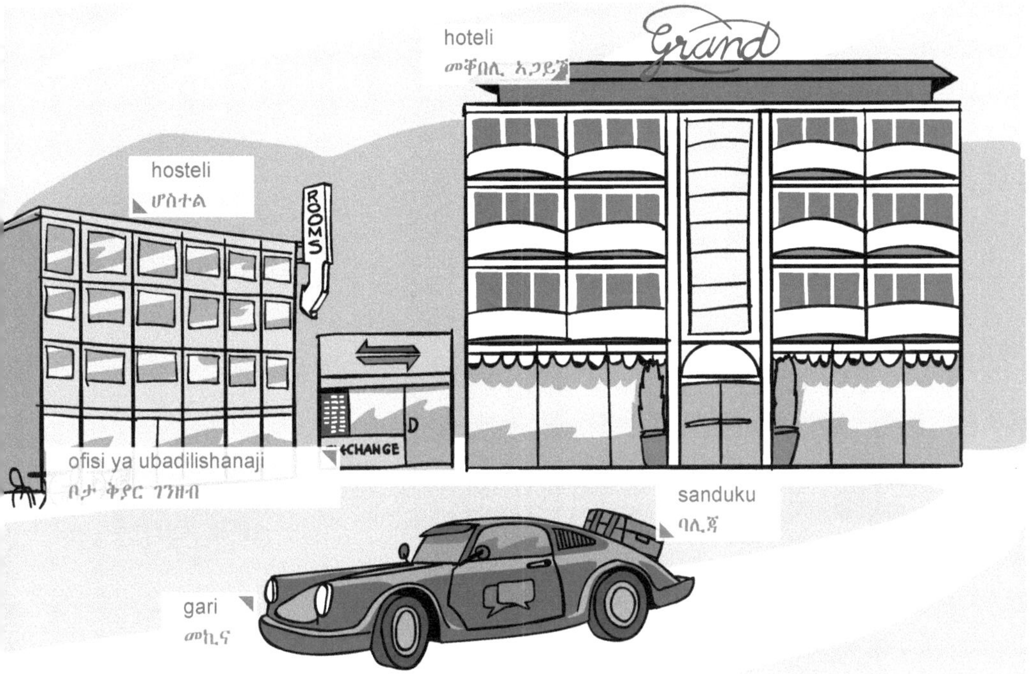

Grand
hoteli
መቕበሊ ኣጋይሽ
hosteli
ሆስተል
ROOMS
EXCHANGE
ofisi ya ubadilishanaji
ቦታ ቅያር ገንዘብ
sanduku
ባሊጃ
gari
መኪና

lugha

ቋንቋ

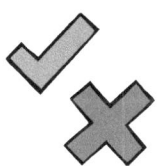

ndiyo / la

እወ / ኖ

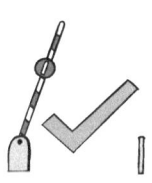

sawa

ሕራይ

hujambo

ሰላም

mtafsiri

ኣስተርጓሚ

Asante

የቐንየለይ

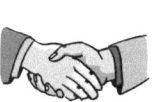

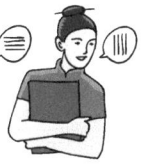

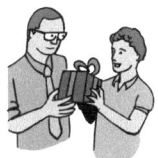

kiasi gani ni ...?

. . . ክንደይ ዋግኡ?

Sielewi

አይተረድአኹን

tatizo

ሽግር

Jioni njema!

ሰላም ምሸት!

Habari za asubuhi!

ከመይ ሓዲርካ

Usiku mwema!

ሰላም ለይቲ

kwa heri

ደሓን ኩን

mwelekeo

አንፈት

mizigo

ጉዓዝ

mfuko

ሳንጣ

shanta

ሳንጣ ሕቆ

mgeni

ጋሻ

chumba

ክፍሊ.

begi la kulalia

ክሻ መደቀሲ.

hema

ቴንዳ

taarifa ya utalii

ሓበሬታ በጻሕቲ ሃገር

ufuo

ገምገም ባሕሪ

kadi

ክረዲት ካርድ

kifunguakinywa

ቁርሲ

chakula cha mchana

ምሳሕ

chakula cha jioni

ድራር

tiketi

ቲከት

kuinua

ሊፍት

muhuri

ማሕተም ደብዳበ

mpaka

ዶብ

mila

ድንጋ

ubalozi

ኤምባሲ

visa

ቪዛ

pasipoti

ፓስፖርት

usafiri

መጓዓዝያ

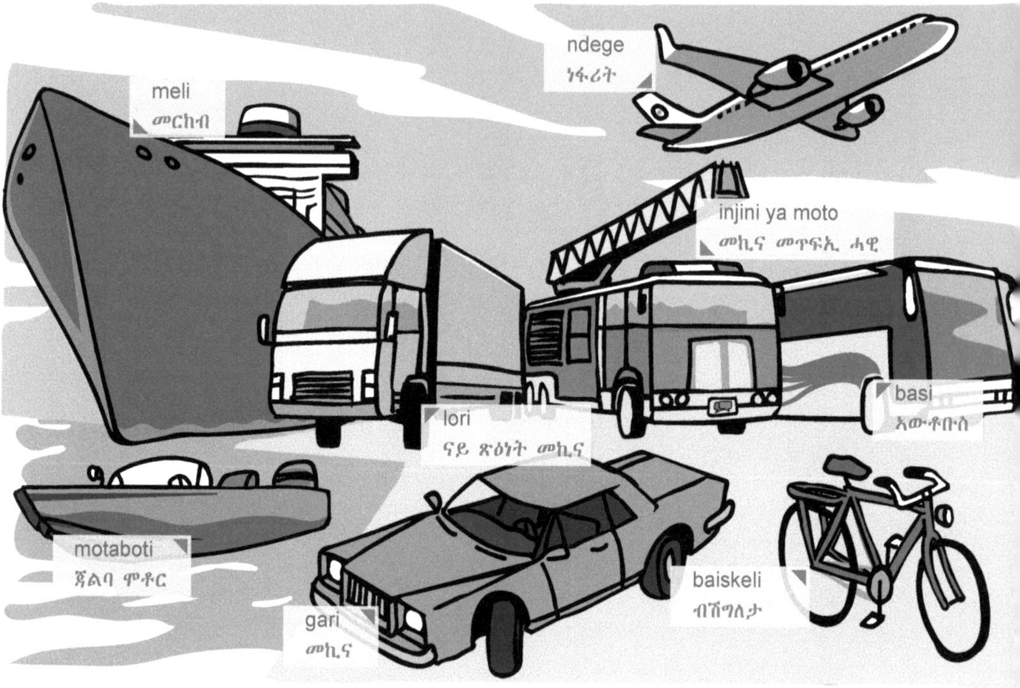

ndege
ነፋሪት
meli
መርከብ
injini ya moto
መኪና መጥፍኢ ሓዊ
lori
ናይ ጽዕነት መኪና
basi
ኣውቶቡስ
motaboti
ጃልባ ሞቶር
baiskeli
ብሽግለታ
gari
መኪና

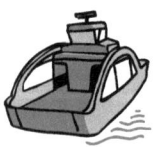

feri

ፈሪ

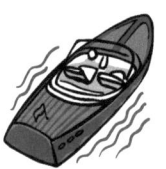

mashua

ጃልባ

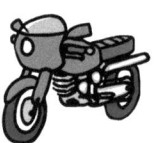

pikipiki

ሞቶ

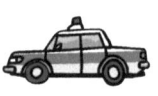

gari la polisi

መኪና ፖሊስ

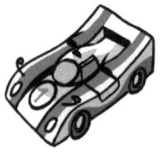

gari la mashindano

መኪና ቅድድም

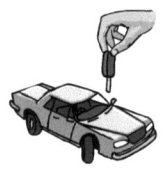

gari la kukodisha

ክራይ መኪና

kushiriki gari

ምውፋይ መካይን

lori la kuvuta

መወሰዴ መኪና

ukusanyaji taka

መኪና ጐሓፍ

motor

ሞቶር

mafuta

ነዳዴ

kituo cha mafuta

እንደ ነዳዴ

ishara trafiki

ምልክት ትራፊክ

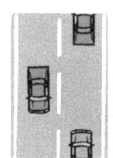

trafiki

ትራፊክ

msongamano

ምጭቅጫቅ ትራፊክ

maegesho

መዐሸጊ መኪና

kituo cha treni

መዕረፊ ባቡር

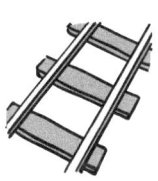

reli

ሓዲግ

garimoshi

ባቡር

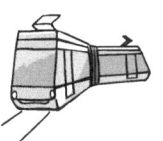

tremu

ትረም

gari la mizigo

ባጎኒ

helikopta

ሄሊኮፕተር

uwanja wa ndege

መዓረፍ ነፈርቲ

mnara

ታወር

abiria

ተጓዓዥ

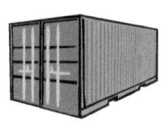

chombo

ኮንተይነር

katoni

ሳንዱቅ ካርቶን

mkokoteni

ኮርሳ ጽዕነት

kikapu

ዘንቢል

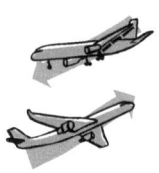

ondoka

ተበገሰ / ዓለበ

jiji

ከተማ

kijiji

ቀኃሸት

katikati ya jiji

ማእከል ከተማ

nyumba

ገዛ

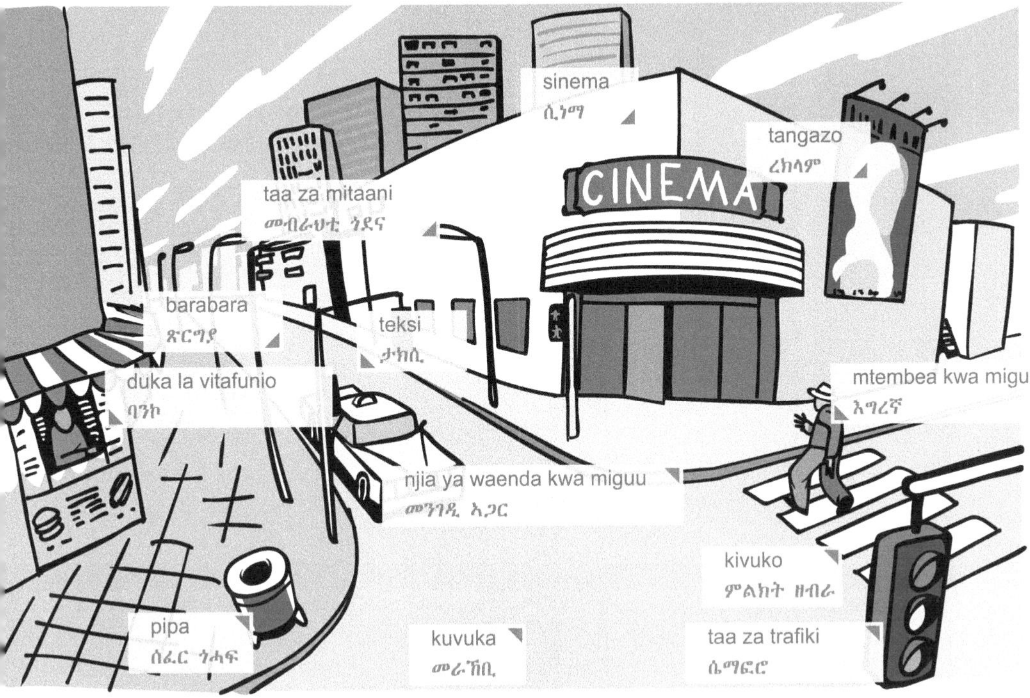

sinema
ሲነማ

tangazo
ረክላም

taa za mitaani
መብራሀቲ ጎደና

barabara
ጽርግያ

teksi
ታክሲ

duka la vitafunio
ባንኮ

mtembea kwa miguu
እግረኛ

njia ya waenda kwa miguu
መንገዲ እጋር

kivuko
ምልክት ዘብራ

pipa
ሰፈር ጓሓፍ

kuvuka
መራኸቢ

taa za trafiki
ሴማፎር

kibanda

አጉዶ

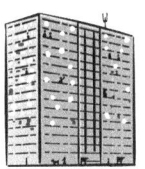

gorofa

አፓርትመንት

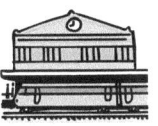

kituo cha treni

መዕረፊ ባቡር

ukumbi wa mji

ቤት ምምሕዳር

Makavazi

ቤት መዘክር

shule

ቤት-ትምህርቲ

chuo kikuu

ዩኒቨርሲቲ

benki

ባንክ

hospitali

ሆስፒታል

hoteli

መቆበሊ አጋይሽ

duka la dawa

ቤት መድሃኒት

ofisi

ቤት ጽሕፈት

duka la kitabu

ዱኳን መጽሓፍቲ

duka

ዱኳን

duka la maua

ዱኳን ዕንባባ

dukakuu

ሱፐርማርክት

soko

ዕዳጋ

idara ya kuhifadhi

ሹቅ

mwuza samaki

ነጋዳይ ዓሳ

kituo cha ununuzi

ሹቅ

bandari

መርሳ

Hifadhi

መዝናግኒ.

benki

ባንኪ.

daraja

ድልድል

vidato

መደያይቦ

chini ya ardhi

ባቡር ትሕቲ ምድሪ

handaki

ቢንቶ

kituo cha mabasi

መዕረፊ ኣውቶቡስ

bar

ቤት መስተ

mgahawa

ቤት-መግቢ.

sanduku la posta

ስታሪት

ishara ya barabara

ታቤላ

mita ya maegesho

ሰዓት ፓርኪንግ

bustani ya wanyama

መካነ እንስሳታት

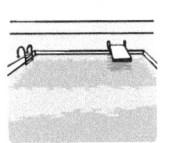

kidimbwi cha kuogelea

መሓምበሲ.

msikiti

መስጊድ

shamba

ቤት ሕርሻ

uchafuzi

ብከላ

makaburini

መቓብር

kanisa

ቤተክርስትያን

uwanja wa michezo

ቦታ ምጽዋት

hekalu

ቤት መቕደስ

mazingira

ስእሊ መሬት

jani
ኣቑጽልቲ
ishara ya mwelekeo
መሕበሪ መገዲ
njia
መገዲ
malisho
ሸኻ
jiwe
እምኒ
mtembeaji wa masafa
ኮብላሊ
mti
ኣግራብ
mto
ፈለግ
nyasi
ሰዓሪ
ua
ዕንባባ

bonde

ስንጥሮ

kilima

ኮቦ

ziwa

ቀላይ

msitu

ዱር

jangwa

ምድረ በዳ

volkano

እሳተ-ጎመራ

ngome

ግምቢ

upinde wa mvua

ቀስተ-ደመና

uyoga

ቃንጥሻ

mtende

ዘንባባ

mbu

ጣንጡ

kuruka

ዝምብ

chungu

ጉንዳን

nyuki

ንህቢ

buibui

ሳሬት

mende

ሕንዚዝ

chura

ዕንቅርያብ

kuchakuro

ምጽጹላይ

nungunungu

ቅንፍዝ

sungura

ማንቲለ

bundi

ጉንጓ

ndege

ዬጉሩ

swan

ስዋን

nguruwe mwitu

መፍለስ

kulungu

ዓጋዘን

aina ya kongoni

ሙስ

bwawa

ግድብ

tabo ya upepo

ተርባይን ንፋስ

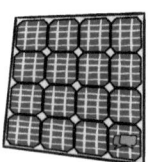

nishaji ya jua

ሶላር ስርሓት

hali ya hewa

ኩነታት አየር

mgahawa

ቤት-መግቢ

mhudumu
አሰላፊ
menyu
ካርታ
መግብታት
kiti
መንበር
supu
መረቕ
piza
ፒትሳ
vilia
መመታተሪ
kitambaa cha mezani
ክዳን ጣውላ

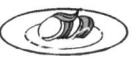

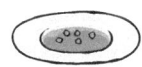

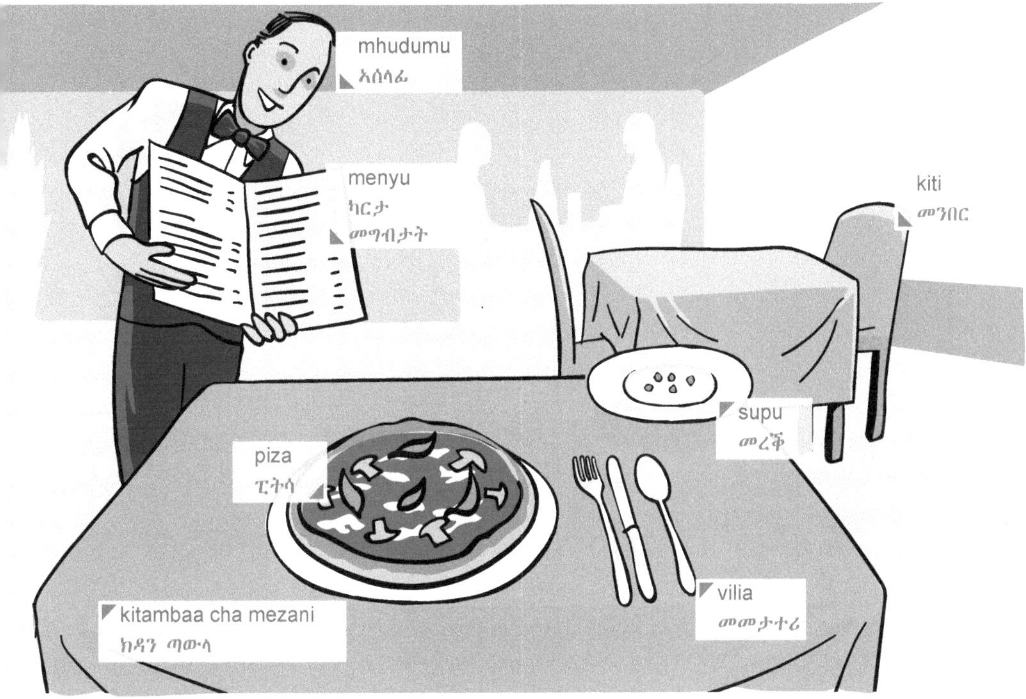

kiamsha hamu

ቅድመ ቀንዲ መግቢ

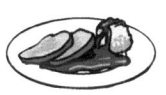

kozi kuu

ቀንዲ መኣዲ

kitindamlo

ድሕረ መግቢ

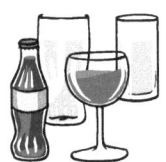

vinywaji

መስተ

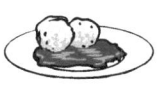

chakula

መግቢ

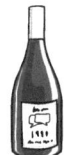

chupa

ጥርሙዝ

chakula cha haraka

ስሉጥ መግቢ.

Streetfood

መግቢ. ጽርግያ

buli

ብርዔቶ ሻሂ

kisanduku cha sukari

ታኒካ ሽኮር

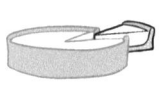

sehemu

ክፋል

mashine ya espresso

ማሺን ኤስፕረሶ

kiti kirefu

ነዊሕ መንበር

muswada

ጸብጻብ

trei

ታብለት

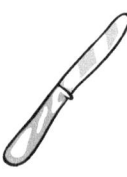

kisu

ካራ

uma

ፋርከታ

kijiko

ማንካ

kijiko cha chai

ማንካ ሻሂ

nepi

ሰርቭየተ

glasi

ብኬሪ

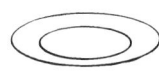

sahani

ሸሓኒ

sahani ya supu

ሸሓኒ መረቕ

sufuria

ትሕቲ ኩባያ

mchuzi

ጸብሒ

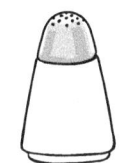

kichanyaji chumvi

ወሃቢ ጨው

kinu cha pilipili

መጥሓን በርበረ

siki

አቾቶ

mafuta

ዘይቲ

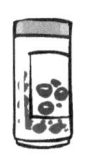

viungo

ቀመም

kechapu

ከቹፕ

haradali

አድሪ

kachumbari nzito

ማዮኔዝ

dukakuu

ሱፐርማርከት

ofa maalum
ወፈያ
FOR
mteja
ዓሚል
maziwa
ፍርያታት ጸባ
matunda
ፍረታት
toroli
ሰረገላ ዱኳን

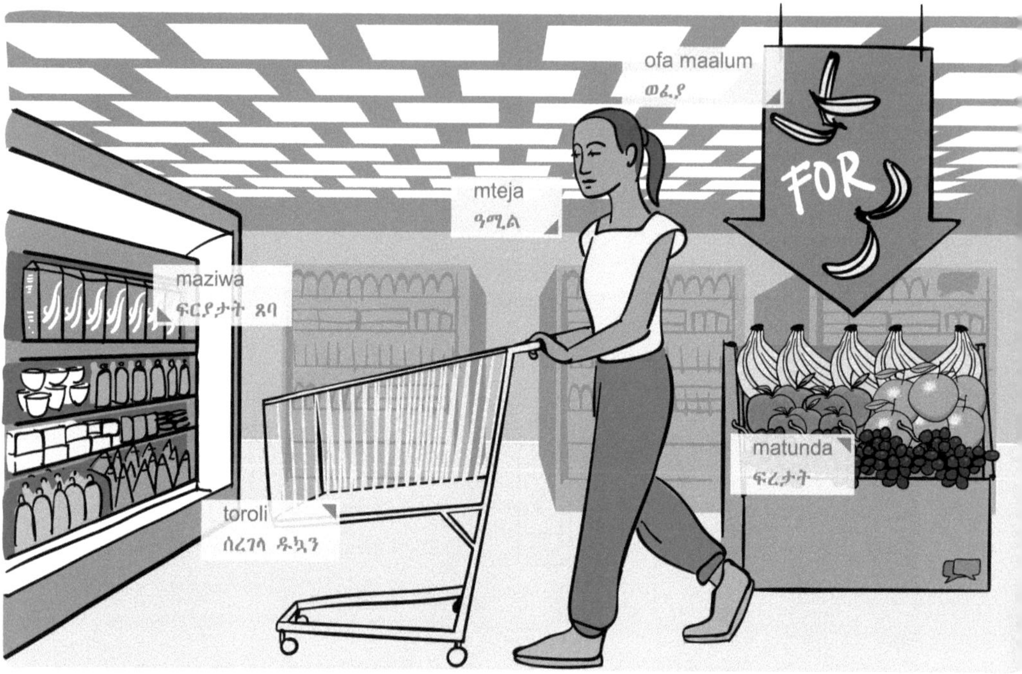

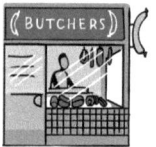

BUTCHERS

mchinjaji

እንዳ ስጋ

BAKERY

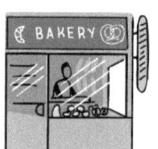

mwokaji

እንዳ ባኒ

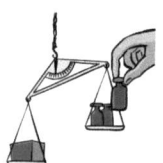

uzito

ክብደት

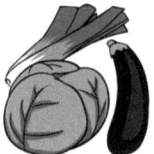

mboga

ኣሕምልቲ

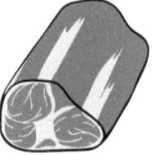

nyama

ስጋ

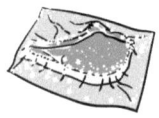

chakula waliohifadhiwa

መግቢ ፍሪጅ በረድ

vipande vya nyama baridi

ዝሑል ቅራብ መግቢ.

chakula cha kopo

እስታጥላ

sabuni ya unga

አሞ

pipi

ምቁር መግቢ.

bidhaa za kaya

ዘቤታውያን አቕሑ

bidhaa za kusafisha

ናውቲ መጽረዪ.

mtu mauzo

ሻቃጣይ.

mpaka

ካሳ

keshia

ተሓዝ ገንዘብ

orodha ya manunuzi

ዝርዝር ምግዛእ

masaa ya ufunguzi

ክፉት ሰዓታት

mkoba

ማሕፉዳ

kadi

ክረዲት ካርድ

mfuko

ሳንጣ

mfuko wa plastiki

ፌስታል

maji

ማይ

sharubati

ጽማቍ

maziwa

ጸባ

coke

ኮላ

mvinyo

ነቢት

bia

ቢራ

pombe

አልኮል

kakao

ካካው

chai

ሻሂ

kahawa

ቡን

spreso

ኤስፕረሶ

kapuchino

ካፑቺኖ

ndizi

ባናና

tufaha

ቱፋሕ

machungwa

አራንጂ

tikiti

ብርጭቆ

lemon

ለሚን

karoti

ካሮት

kitunguu saumu

ጸዕዳ ሽንኩርቲ

mianzi

ባምቡስ

kitunguu

ሽንኩርቲ

uyoga

ቅንጥሻ

karanga

ፉል

nudo

ፓስታ

spageti

ስፓገቲ

mpunga

ሩዝ

saladi

ሰላጣ

vibanzi

ቅልዋ ድንሽ

viazi vya kukaanga

ቅሉው ድንሽ

piza

ፒትሳ

hambaga

ሃምቡርገር

sandwichi

ሳኒና

kipande

ቢስተካ

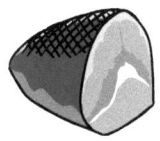

paja la mnyama

ሰለፍ ሓሰማ

salami

ሳላሚ

soseji

ግዕዝም

kuku

ደርሆ

choma

ቀለወ

samaki

ዓሳ

oats ya uji

ገዓት

muesli

ሙስሊ

cornflakes

ኮርንፍለይክስ

unga

ሓርጭ

kroisanti

ክሮሶን

andazi

ባኒ

mkate

ባኒ

mkate wa kubanika

ቶስት

biskuti

ብሽኩቲ

siagi

ጠስሚ

maziwa mgando

ርጉኦ

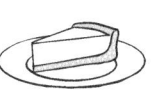

keki

ፓስተ

yai

እንቋቝሖ

yai kukaanga

ቅሉው እንቋቝሖ

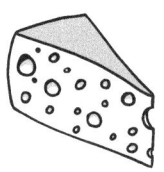

jibini

ፋርማጆ

aiskrimu

አይስ ክሪም

sukari

ሽኩር

asali

መዓር

jemu

ጄም

kuenea kwa chokoleti

ኑጋት-ክሪም

mchuzi wa viungo

ኩሪ

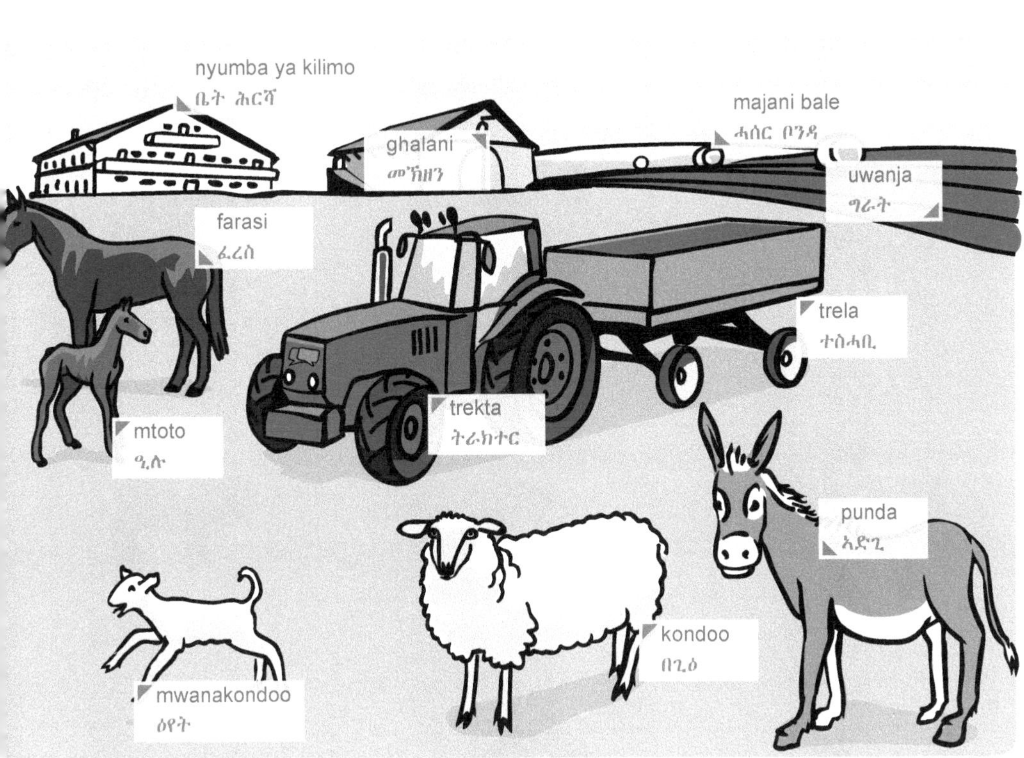

nyumba ya kilimo
ቤት ሕርሻ

ghalani
መኽዘን

majani bale
ሓሰር ቦንዳ

uwanja
ግራት

farasi
ፈረስ

trela
ተስሓቢ

trekta
ትራክተር

mtoto
ዒሉ

punda
አድጊ

kondoo
በጊዕ

mwanakondoo
ዕየት

mbuzi

ጤል

ng'ombe

ብዕራይ

ndama

ምራኽ

nguruwe

ሓሰማ

mwananguruwe

ውላድ ሓሰማ

fahali

አርሒ

batabukini

ዓሳ

bata

ማይ ደርሆ

kifaranga

ጫቁ‑ት

kuku

ደርሆ

jogoo

አርሐ ደርሆ

panya

አንጨዋ ዓባይ

paka

ድሙ

panya

አንጭዋ

ng'ombe

ብዕራይ

mbwa

ከልቢ

nyumba ya mbwa

አጉዶ ከልቢ

bomba la bustani

ቱባ ጀርዲን

debe la kumwagilia maji

መዝሓሊ ማይ

fyekeo

ዓቢ ማዕጺድ

kulima

ማሕረሻ

mundu

ማዕጺድ

jembe

ጭነኳር

uma wa nyasi

መስአ

shoka

ፋስ

toroli

ዓረብያ ኢድ

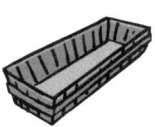

kupitia nyimbo

ጋብላ

chombo cha maziwa

ብርጭቆ ጸባ

gunia

ክሻ

ua

ሓጹር

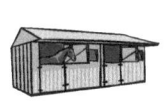

imara

መንሰስ

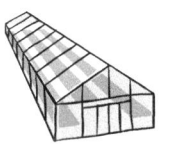

chafu

ቆጠልያ ገዛ

udongo

ባይታ

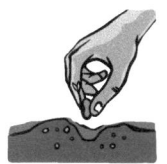

mbegu

ዘርኢ

mbolea

ድኹዒ

kivunaji

ዘጣምር ቀውዓይ

mavuno

ቀውዐ

mavuno

ጸጋ

viazi vikuu

ድንሽ ያም

ngano

ስርናይ

soya

ሶያ

viazi

ድንሽ

mahindi

ዕፉን

rapa

ራፐስ

mti wa matunda

ገረብ ፍረታት

muhogo

ማኒኦክ

nafaka

አእኻል

nyumba

ገዛ

chimni
መውጽኢ ትኪ
paa
ናሕሲ
bomba la maji ya mvua
መውሓዝ ዝናብ
dirisha
መስኮት
gareji
ጋራጅ
kengele ya mlangoni
ጭር መበሊት
mlango
ማዕጾ
pipa la taka
ጎሓፍ መገለል
sanduku la barua
ቦክስ ደብዳበ
bustani
ጀርዲን

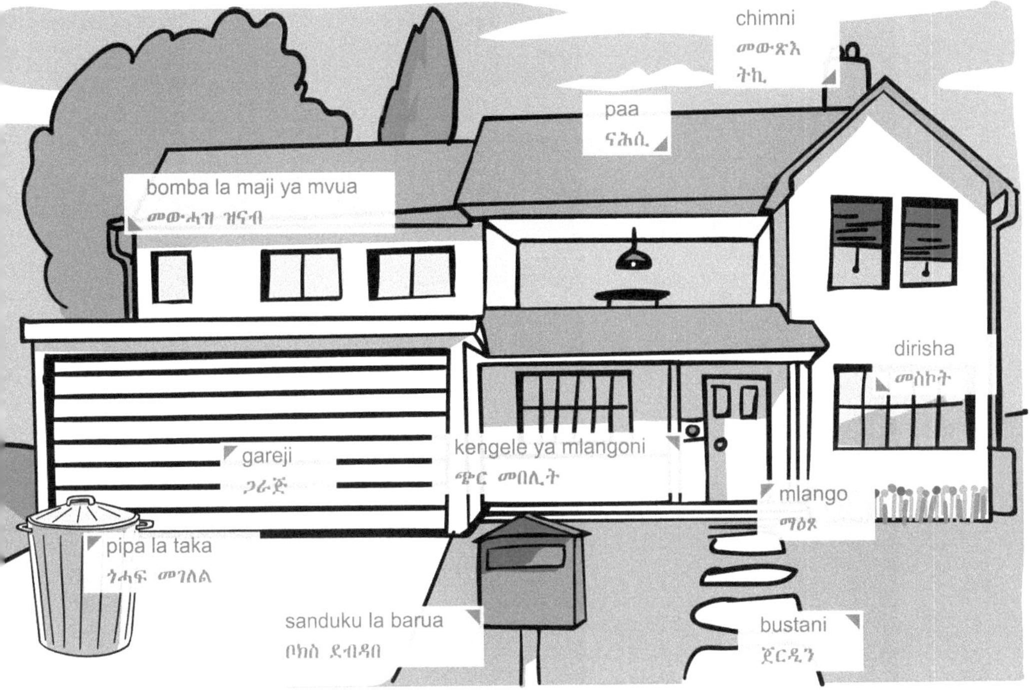

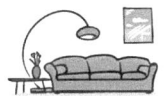

sebuleni

ክፍሊ ምቕማጥ

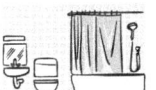

bafu

ክፍሊ ባንዮ

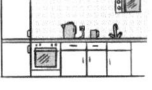

jikoni

ክሽነ

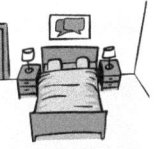

chumba cha kulala

ክፍሊ መደቀሲ

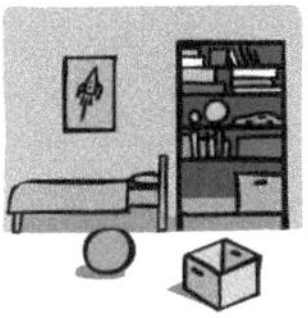

chumba ya mtoto

ክፍሊ ቆልዑ

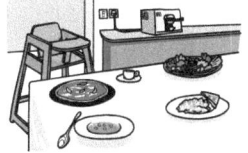

chumba cha kulia

መመገቢ ክፍሊ

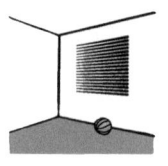

sakafu

ባይታ

ukuta

መንደቅ

dari

ከበርታ

pishi

ካንቲና

sauna

ሳውና

roshani

ባልኮን

mtaro

ዛላ

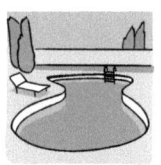

kidimbwi

መሕምበሲ.

mashine ya kukata nyasi

መቑረጺ ሳዕሪ

karatasi

አንሶላ ዓራት

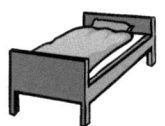

kitambaa cha kupamba
kitanda

ከበርታ ዓራት

kitanda

ዓራት

ufagio

መኰስተር

ndoo

መገለል

kubadili

መወልዒት

sebuleni

ክፍሊ ምቕማጥ

mandhari
ወረቐት
መንደቕ
picha
ስእሊ
taa
ላምፓ
rafu
ከብሒ
kabati
ከብሒ
televisheni/runinga
ተለቪዥን
mekoni
መውጽኢ ትኪ ኣብ
ገዛ
ua
ዕንባባ
mto
መተርኣስ
sofa
ሳሎን
chombo cha maua
ባዞ
kitenzambali
ሪሞት

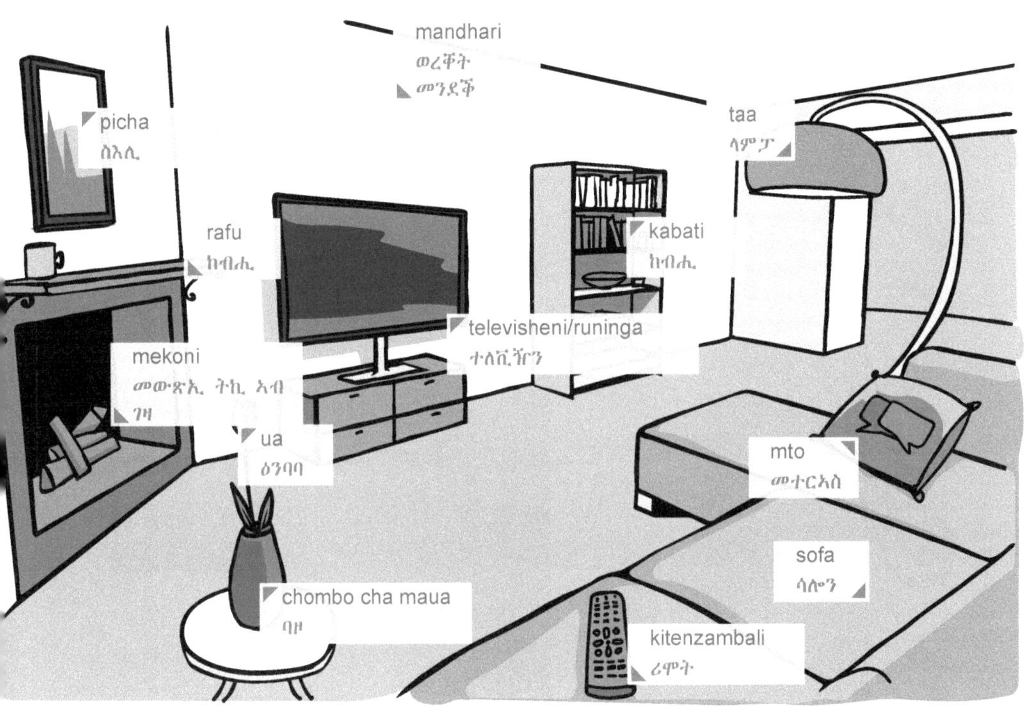

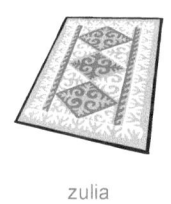

zulia

መንጸፍ

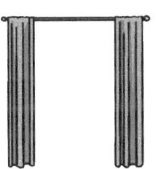

pazia

መጋረጃ

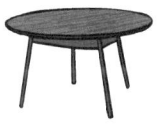

meza

ጣውላ

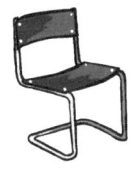

kiti

መንበር

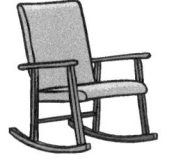

kiti cha bembea

ሰለል ዝብል መንበር

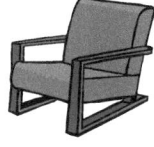

armchair

መንበር ምቹእ

kitabu

መጽሐፍ

blanketi

ከበርታ

mapambo

ስልማት

kuni

እንጨይቲ ሓዊ

filamu

ፊልም

kifaa cha hi-fi

ስተረዮ

ufunguo

መፍትሕ

gazeti

ጋዜጣ

uchoraji

ቅብኣ

bango

ፖስተር

redio

ሬድዮ

daftari

ጥራዝ

kifyonza

መልገሲ, ደርና

dungusi kakati

በለስ

mshumaa

ሽምዓ

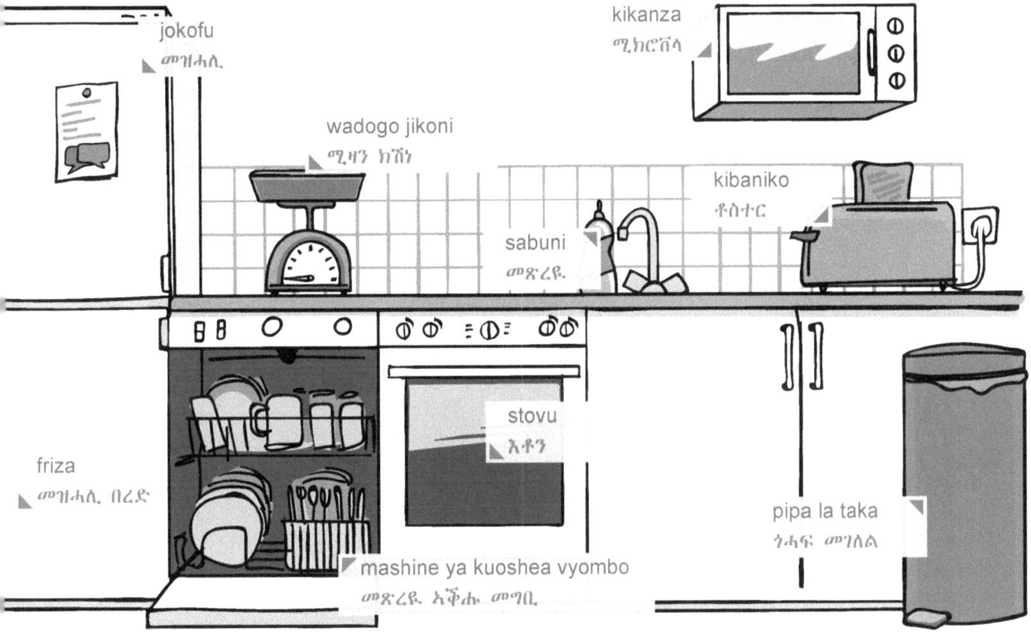

jokofu
መዝሓሊ.

kikanza
ሚክሮቨላ

wadogo jikoni
ሚዛን ክሽን

kibaniko
ቶስተር

sabuni
መጽረዪ.

friza
መዝሓሊ. በረድ

stovu
እቶን

pipa la taka
ጎሓፍ መገለል

mashine ya kuoshea vyombo
መጽረዪ አቅሑ መግቢ

jiko la kupika

መኽሸኒ

chungu

ድስቲ

sufuria ya chuma

ድስቲ ሓጺን

wok / kadai

ቦክ/ካዳይ

kaango

ባደላ

birika

መውዓዪ ማይ.

stima

መፍልሒ

sinia ya kuoka

ጓንቴራ ምስንካት

vyombo vya udongo

ኣቕሑ መግቢ

kombe

ብርጭቆ

bakuli

ጽሓሎ

vijiti vya kulia

ማንካቺና

ukawa

ማንካ መረጭ

mwiko mpana

መገልበጢ ባደላ

burashi

መኹስተር ውርጪ

kichujio

መንፈት መግቢ

chujio

መንፈት

mbuzi

መፋሕፍሒ

chokaa

ሞርታር

barbeque

ባርቢክዩ

moto wazi

ስፍራ ሓዊ

ubao wa majaribio

እንጨይቲ ምምታር

kijiti cha kusukuma unga

እንጨይቲ ኮረር

kizibuo

መኽፈት ቡሽ

kopo

ታኒካ

inaweza kopo

መኽፈቲ ታኒካ

kishikio cha chungu

ጨርቂ ድስቲ

karo

ቡምባ

brashi

ኣስባስላ

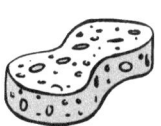

sifongo

ሰፍነግ

kisagaji matunda

ሓዋሲ. ኣደባላቒ

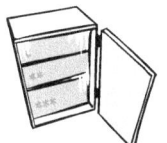

friji ya kina

መዝሓሊ. በረድ

chupa ya mtoto

ጥርሙዝ ማማይ

bomba

ቡምባ ማይ

bafu

ክፍሊ ባንዮ

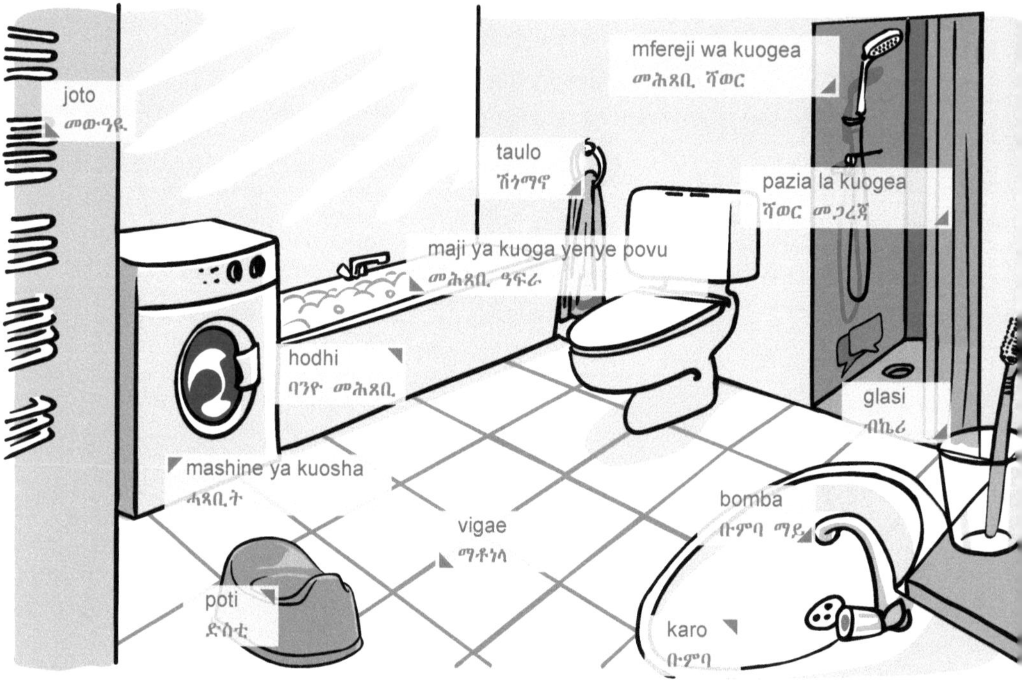

joto
መውዓዪ
mfereji wa kuogea
መሕጸቢ ሻወር
taulo
ሽጎማኖ
pazia la kuogea
ሻወር መጋረጃ
maji ya kuoga yenye povu
መሕጸቢ ዓፍራ
hodhi
ባንዮ መሕጸቢ
glasi
ብኬሪ
mashine ya kuosha
ሓጻቢት
bomba
ቡምባ ማይ
vigae
ማቶነላ
poti
ድስቲ
karo
ቡምባ

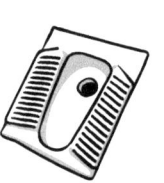

choo

ሽቓቕ

choo cha squat

ሽቓቕ ኮፍ

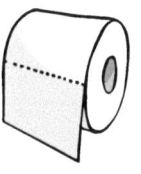

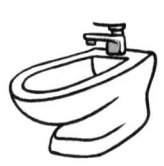

beseni la mviringo

በዱ

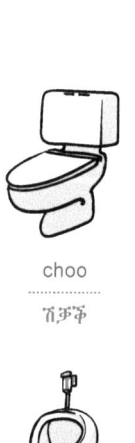

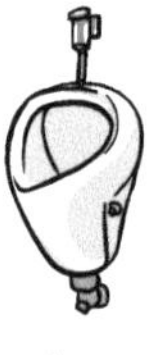

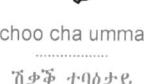

choo cha umma

ሽቓቕ ተባዕታይ

shashi

ወረቐት ሽቓቕ

brashi ya choo

ኣስባስላ ሽቓቕ

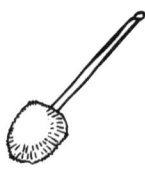

mswaki

አስባስላ ስኒ

dawa ya meno

ክሬማ ስኒ

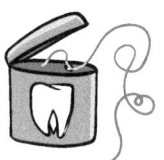

dawa ya meno

ሃሪ ስኒ

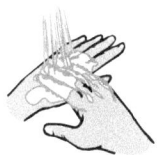

safisha

ሓጸብ

kuoga mkono

ዱሽ ኢ.ድ

msukumo wa maji

ዱሽ

bonde

ብርጭቆ ምሕጸብ

mpako wa pili

አስባስላ ሕቆ

sabuni

ሳምና

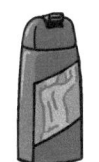

jeli ya kuogea

ሻወር ጀል

shampuu

ሻምፑ

flana

ጨርቂ መሕጸቢ

toa maji

መውሓዚ

krimu

ክሬማ

kiondoa harufu

ደዮ ጨና

kioo

መስትያት

kioo mkono

ናይ ኢድ መስትያት

kinyozi

መላጺ

povu la kunyoa

ዓፍራ ምልጻይ

baada ya kunyoa

ጨና ድሕሪ ምልጻይ

kichana

መመሸጥ

brashi

አስባስላ

kikausha nywele

መንቆጺ ጸግሪ

marashi ya nyewele

ስፕረይ ጸግሪ

vipodozi

መመላኸዒ

kidomwa

ብርኂ ቀለም ከንፈር

varnish ya msumari

አዝማልቶ

pamba

ጸምሪ ጡጥ

mkasi wa kucha

መስደዲ ጽፍሪ

manukato

ጨና

mkoba wa kuosha

ሳንጣ መሕጸቢ.

kinyesi

ድኳ

mizani

ሚዛን

nguo ya kuoga

ክዳን መሕጸቢ.

glavu za mpira

ጓንቲ መጸረዮ.

kisodo

ታምፖን

sodo

ጨርቂ ሰበይቲ

kemikali choo

ሸቻቅ ከሚስትሪ

chumba ya mtoto

ክፍሊ ቆልዑ

saa ya kengele
ኣላርም መተስኢ
kidoli cha kupakata
መጻወቲ እንስሳ
gari bandia
መጻወቲ መኪና
kelele
ኳሕኳሕ
መበሊ
chumba cha midoli
ቤት ባምቡላ
sasa
ህያብ

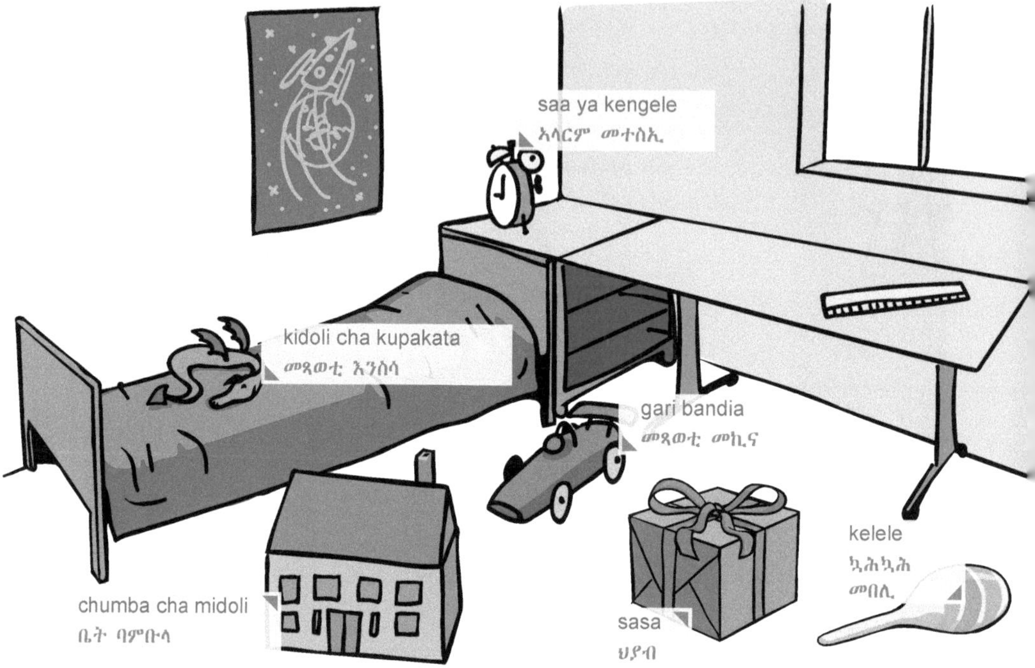

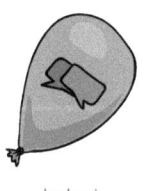

baluni

ባላንችና

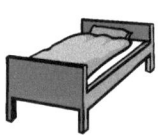

kitanda

ዓራት

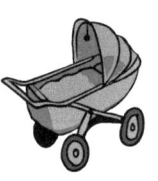

mashua

ሰረገላ ህጻን

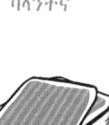

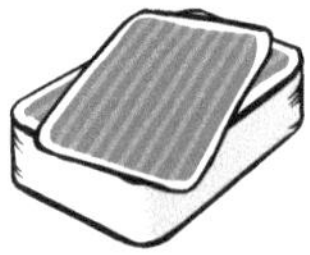

staha ya kadi

ጸወታ ካርታ

mchezo-fumb

ሕንቅሊተይ

vichekesho

ኮሚዲ

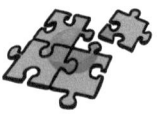

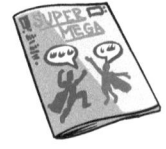

matofali lego

እምነታት መጻወቲ ለጎ

vitalu mwigo

መጻወቲ እምነታት

hatua takwimu

በዓል አክቶን

suti ya kulalia

ክዳን ማማይ

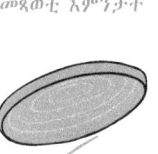

kisahani

ፍሪስቢ

simu

ሞባይል ማማይ

ubao wa michezo

ጸወታ ሰሌዳ

kete

ኩቦ

garimoshi mwigo

ሞደል ባቡር ምድሪ

dummy

ዓባስ

chama

ፓርቲ

picha kitabu

መጽሓፍ ስእሊ

mpira

ኩዕሶ

kikaragosi

ባምቡላ

kucheza

ተጻወተ

shimo la mchanga

መጻወቲ ሓጺ

bembea

ሰላል

vitu bandia

መጻወቲታት

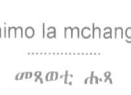

kiweko cha video ya mchezo

ኮንሶል ቪድዮ

baiskeli ya magurudumu

መጻወቲ ሰለስተ መንኮርኮር

matatu

mwanasesere

ተዲ

kabati

ከብሒ, ክዳን

soksi

ካልስታት

stokingi

ነዊሕ ካልስታት

kibano

ስረ ካልሲ

skafu
ሻርባ

mwavuli
ጽላል

fulana
ማልያ

ukanda
ቁልፊ

viatu
ረፉዕ

ndara
ጫማ ገዝ

wakufunzi
ስኬርስ

malapa	viatu	mabuti ya mpira
ሽበጥ	ጫማ	ረፋዕ ጎማ

suruali ya ndani	sidiria	fulana
ሙታንታ	ክዳን ጡብ	ትሕተ ካሚቻ

nguo - ክዳን   45

mwili

ቦዲ

suruali

ስረ

dangirizi

ጂንስ

sketi

ቀምሽ

blauzi

ካምቻ

shati

ካሚቻ

vuta

ጉልፎ

sweta

ጎልፎ

bleza

ጃኪት

jaketi

ጃከት

koti

ጁባ

koti la mvua

ክዳን ዝናብ

maleba

ኮስቱም

gauni

ቀምሽ

mavazi ya harusi

ቀምሽ መርዓ

suti

ልብስ.

vazi la usiku

ካሚቻ ለይቲ

pajama

ክዳን ለይቲ

sari

ሳሪ

skafu

መሃረብ ርእሲ.

kilemba

ቱርባን

burka

ቡርካ

kaftan

ካፍታን

abaya

አባያ

vazi la kuogelea

ክዳን መሕምበሲ.

vazi la kiume la kuogelea

ስረ መሕምበሲ.

kaptura

ሓጺር ስረ

teitei

ክዳን ታዕሊም

aproni

በጃ ክዳን

glavu

ጓንቲ

nguo - ክዳን

47

kifungo

መልጎም

glasi

መነጽር

bangili

በንናጅር

mkufu

ማዕተብ

pete

ቀለበት

herini

ኩትሻ

kofia

ቆብዕ

kiango cha koti

መንበሪ ጃባ

kofia

ባርኔጣ

tai

ካራባት

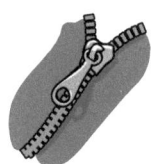

zipu

ሽርኔጣ

kofia

ሀልመት

kanda za suruali

መድልደል ስሪ

sare za shule

ድቢዛ ቤትትምህርቲ

sare

ድቢዛ

bibu

ሰደርያ ቆልዓ

dummy

ዓባስ

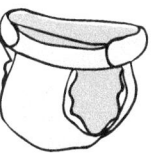

nepi

ጨርቂ ማማይ

ofisi

ቤት ጽሕፈት

seva
ሰርቨር

kabati la kuweka faili
ከብሒ ሰነድ

kichapishaji
ፐሪንተር

kiwambo
ሞኒቶር

karatasi
ወረቐት

dawati
ጣውላ
ምጽሓፍ

kipanya
አንጭዋ

folda
ሓጺፈ

kibodi
ኪቦርድ

u cha kuweka karatasi chafu
ወረቐት

kiti
መንበር

kompyuta
ኮምፒተር

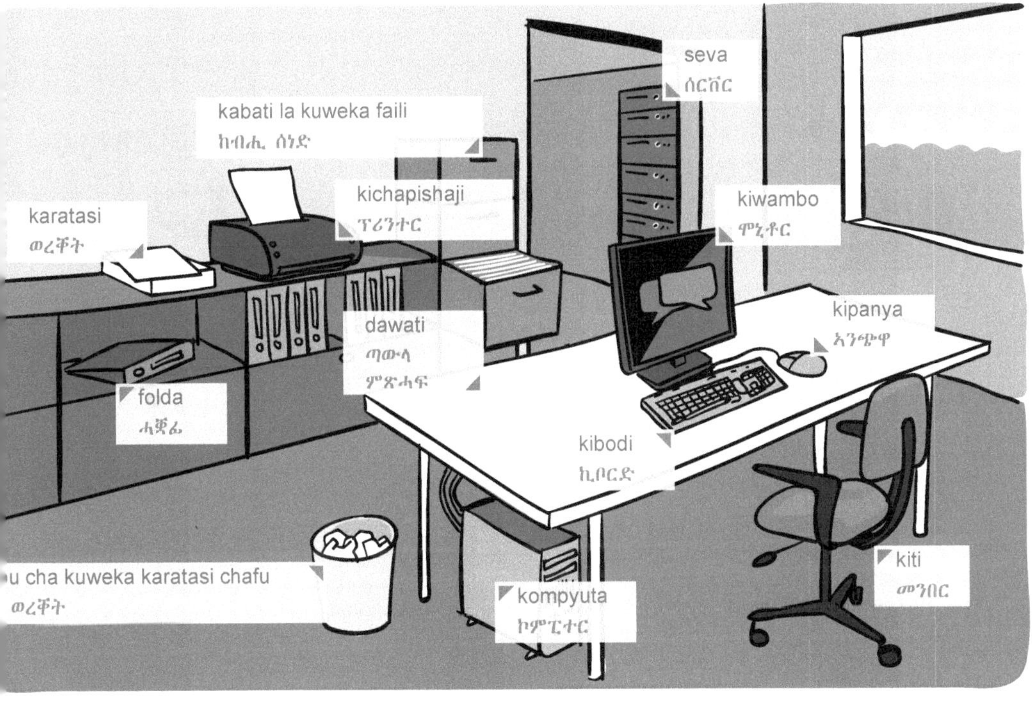

kmobe la kahawa

ብርጭቆ ቡን

kikokotoo

ካልኩለተር

biashara

ኢንተርነት

mbali

ለፕቶፕ

barua

ደብዳበ

ujumbe

መልእኽቲ

rununu

ሞባይል

intaneti

ነትወርክ/መርበብ

fotokopia

መቕድሒ ፎቶኮፒ

programu

ሶፍትዌር

simu

ተለፎን

soketi

ሶከት ኣረንቲ

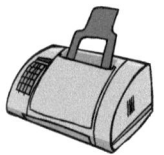

kipepesi

ፋክስ

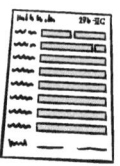

fomu

ፎርም

hati

ሰነድ

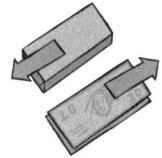

kununua

ገዝአ

kulipa

ከፈለ

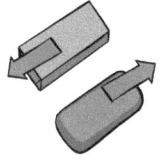

biashara

ንግዲ

fedha

ገንዘብ

dola

ዶላር

yuro

ኦይሮ

yeni

የን

rouble

ሩብል

faranga ya Uswisi

ስዊዝ ፍራንክን

renminbi yuan

ረንሚንቢ ዩዋን

rupia

ሩፕየ

eneo la kulipia

መውጽኢ. ማሽን ገንዘብ

ofisi ya ubadilishanaji

በታ ቅያር ገንዘብ

dhahabu

ወርቂ

fedha

ብሩር

mafuta

ዘይቲ

nishati

ሓይሊ

bei

ዋጋ

mkataba

ውዕል

kodi

ቀረጽ

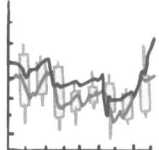

bidhaa

እኹብ ጥረ-ነገራት

kazi

ስራሕ

mfanyakazi

ሰራሕተኛ

mwajiri

ኣስራሒ

kiwanda

ትካል

duka

ዱኳን

afisa wa polisi
በዓል ፖሊስ

mzimamoto
መጠፊኢ ሓዊ

rubani
መራሒ ነፋሪት

daktari
ሓኪም

mpishi
ከሻኒ

mtunza bustani

ሰራሕተኛ ጀርዲን

seremala

ጸራቢ ዕንጸይቲ

mshonaji

ሰፋዪት

hakimu

ፈራዳይ

mwanakemia

ቀማሚ

muigizaji

ተዋሳኢ

dereva wa basi

መራሒ አዉቶቡስ

dereva wa teksi

አዉቲስታ ታክሲ.

mvuvi

ገፋፊ ዓሳ

mwanamke wa kusafisha

ጸራጊት

mwezekaji

ሃናጸይ ናሕሲ.

mhudumu

አሰላፊ

mwindaji

ሃዳናይ

mchoraji

ሰአላይ

mwokaji

እንዳ ሕብስቲ

umeme

ኤለትሪከኛ

mjenzi

ሃናጺ አባይቲ

mhandisi

ሃንዳሲ.

mchinjaji

ሰራሕተኛ እንዳ ስጋ

fundi bomba

ድራብሊዮ

mwanaposta

አማላላሲ ፖስጣ

mwanajeshi

ወታሃደር

msanifu majengo

መሃንድስ

keshia

ተሐዝ ገንዘብ

muuza maua

ሰራሕተኛ ዕምባባ

msusi

ቀምቃማይ

kondakta

ፈተሪኖ

mekanika

መካኒክ

nahodha

መራሒ መርከብ

daktari wa meno

ሓኪም ስኒ

mwanasayansi

ተመራማሪ

rabbi

ራቢ

imamu

ኢማም

mtawa

ፈላሲ

kasisi

ቀሺ

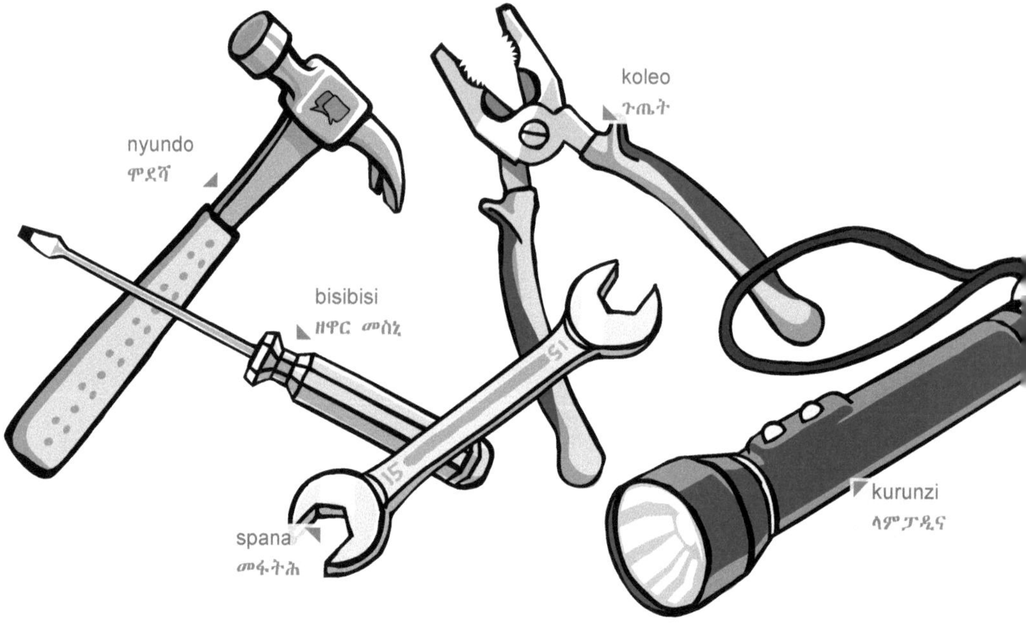

nyundo
ሞደሻ

koleo
ጉጤት

bisibisi
ዘዋር መስኺ

spana
መፋትሕ

kurunzi
ላምፓዲና

mchimbaji
ፌሓሪ

sanduku la vifaa
ናውቲ ቦክስ

ngazi
መደያየቢ

msumeno
መጋዝ

misumari
መስማር

kuchimba visima
ኩዓቲ

kukarabati

ምዕራይ

sepetu

ባደላ

Lo!

አይ!

kishikio cha uchafu

መትሓዚ ዱርና

chungu cha rangi

ድስቲ ቀለም

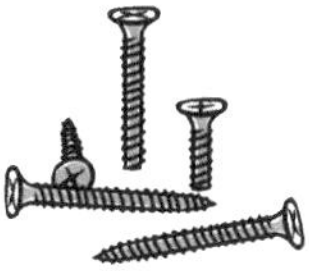

skurubu

ካቻቢተ

ala za muziki

መሳርሒ ሙዚቃ

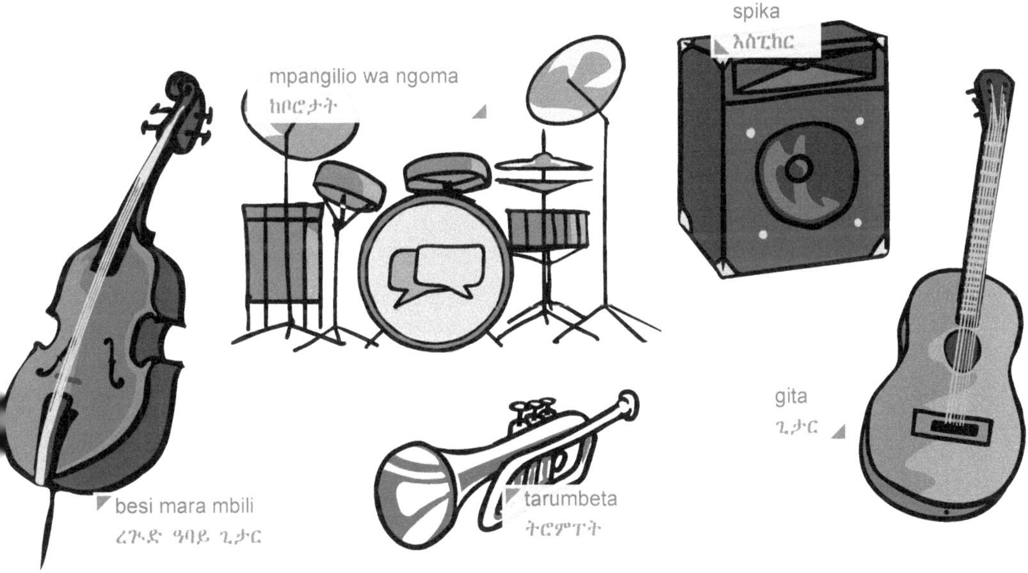

mpangilio wa ngoma
ከበሮታት

spika
እስፒከር

gita
ጊታር

besi mara mbili
ረጕድ ዓባይ ጊታር

tarumbeta
ትሮምፐት

piano

ፒያኖ

fidla

ቪዮሊን

ubeji

ባስ ጊታር

timpani

ቲምንኢ

ngoma

ከበሮ

kibodi

ኦርጋን

saksafoni

ሳክሶፎን

filimbi

ሻምብቆ

maikrofoni

ሚክሮፎን

bustani ya wanyama

መካነ እንስሳታት

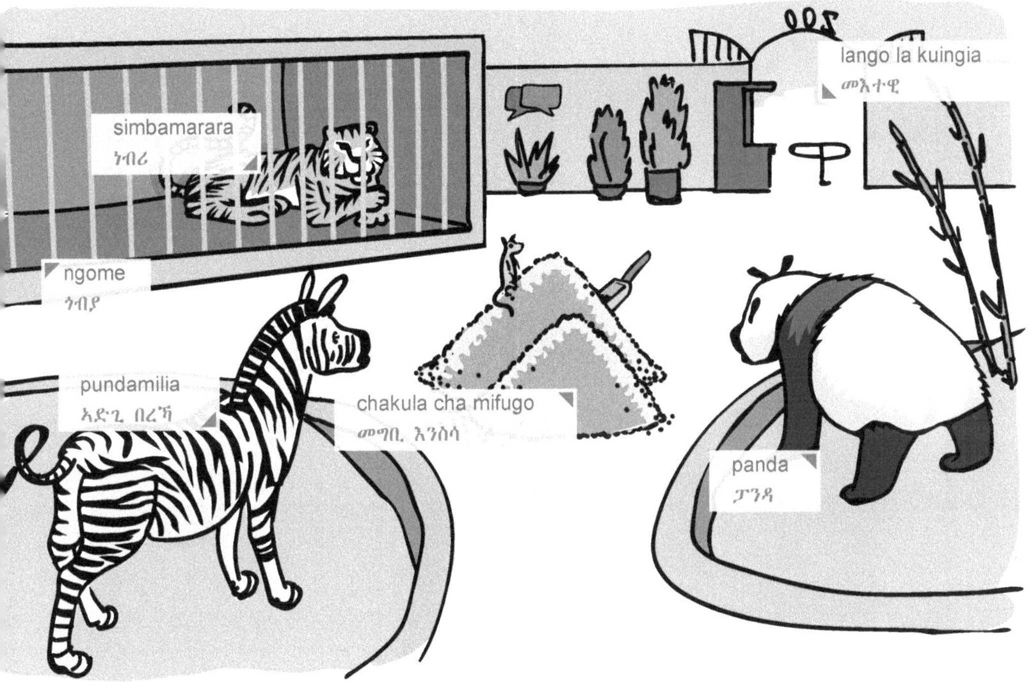
simbamarara
ነብሪ
ngome
ጎብያ
pundamilia
ኣድጊ በረኻ
chakula cha mifugo
መግቢ እንስሳ
lango la kuingia
መእተዊ
panda
ፓንዳ

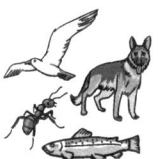

wanyama

እንስሳታት

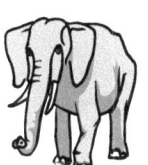

tembo

ሓርማዝ

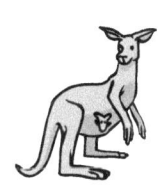

kangaruu

ካንጋሩ

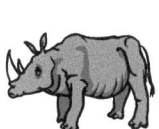

kifaru

ሓሪሽ

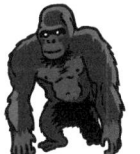

sokwe

ጉሬላ

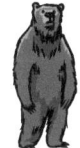

dubu

ድቢ

ngamia

ገመል

mbuni

ሰጎን

simba

አንበሳ

tumbili

ህበይ

heroe

ፍላሚንጎ

kasuku

ሕንጻይ

dubu

ድቢ. በረድ

penguini

ፐንጉን

papa

ክልቢ. ዓሳ

tausi

ጣውስ

nyoka

ተመን

mamba

ሓርገጽ

mtunza wanyama

ሓላዊ ቤት ገርድሽ

muhuri

ዓሳ ዚምገብ እንስሳ ባሕሪ

jaguar

ጆጓር

mwanafarasi

ሐጿር ፉ.ረስ

chui

ነብሪ

kiboko

ጒማሪ

twiga

ጀራፍ

tai

ሊሳ

nguruwe mwitu

መፍለስ

samaki

ዓሳ

kobe

ጉብዖ

sili

ዋልሩስ

mbweha

ወኻርዖ

paa

ሰስሓ

soka ya marekani
ናይ አሜሪካ ኩዕሶ እግሪ

uendeshaji baiskeli
ምዝዋር ብሽግለታ

tenisi
ተኒስ

mpira wa kikapu
ባስከትባል

kuogelea
ምሕምባስ

ndondi
ቦክሲንግ

magongo ya barafuni
ሆኪ በረድ

soka

ኩዕሶ እግሪ

vinyoya

ባድሚንቶን

riadha

እስፖርታዊ ንጥፈታት

mpira wa mikono

ኩዕሶ ኢድ

skii

ስኪ

polo

ፖሎ

kuruka
ነጠረ

kumbatia
ሐቆፈ.

cheka
ሰሐቐ

kuimba
ደረፈ.

kutembea
ከደ

kuomba
ጸለየ

busu
ሰዓመ

ota ndoto
ሐለመ

kuandika

ጸሐፈ.

kuteka

ስኣለ

angalia

ኣርኣየ

sukuma

ደፍአ

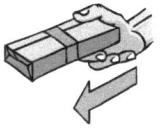

kutoa

ሃበ

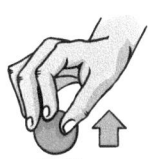

kuchukua

ወሰደ

kuwa

አለወ

fanya

ገበረ

kuwa

ኮነ

kusimama

ጠጠው በለ

kukimbia

ጎየየ

vuta

ሰሐበ

kutupa

ሰንደወ

kuanguka

ወደቐ

hadaa

ሐሰወ

kusubiri

ተጸበየ

kubeba

ሰከም

kukaa

ኮፍ በለ

vaa nguo

ተኸድነ

usingizi

ደቀሰ

kuamka

ተስአ

kuangalia

ረአየ

lia

በኸየ

kiharusi

ብአጻብዑ ደረዘ

chana nywele

መሸጠ

ongea

ተዛረበ

kuelewa

ተረድአ

kuuliza

ሓተተ

kusikiliza

ሰምዐ

kunywa

ሰተየ

kula

በልዐ

nadhifisha

አጽመጠ

upendo

አፍቀረ

mpishi

ከሽን

gari

ዘወረ

kuruka

ነፈረ

meli

ብመርከብ ገየሽ

kokotoa

ደመረ

kusoma

አንበበ

kujifunza

ተመሃረ

kazi

ሰርሐ

kuoa

መርዓወ

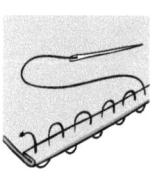

kushona

ሰፈየ

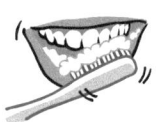

piga mswaki

ጽሬት አስናን

kuua

ቀተለ

moshi

ሽጋራ ተከሸ

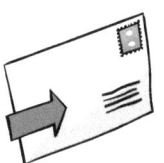

kutuma

ሰደደ

bibi
ጓባየ

babu
አቦሓጎ

baba
አቦ

mama
አደ

mtoto
ማማይ

binti
ጓል

bin
ወዱ

mgeni

ጋሻ

shangazi

ሓትኖ

mjomba

አኮ

kaka

ሓው

dada

ሓፍቲ

mwili

ኣካላት

paji la uso
ግንባር
jicho
ዓይኒ
uso
ገጽ
kidevu
መንከስ
matiti
ኣፍ-ልቢ
kidole
ኣጻብዕ
mkono
ኢድ
mkono
ምናት
bega
መንኩብ
mguu
ሽፋን እግሪ

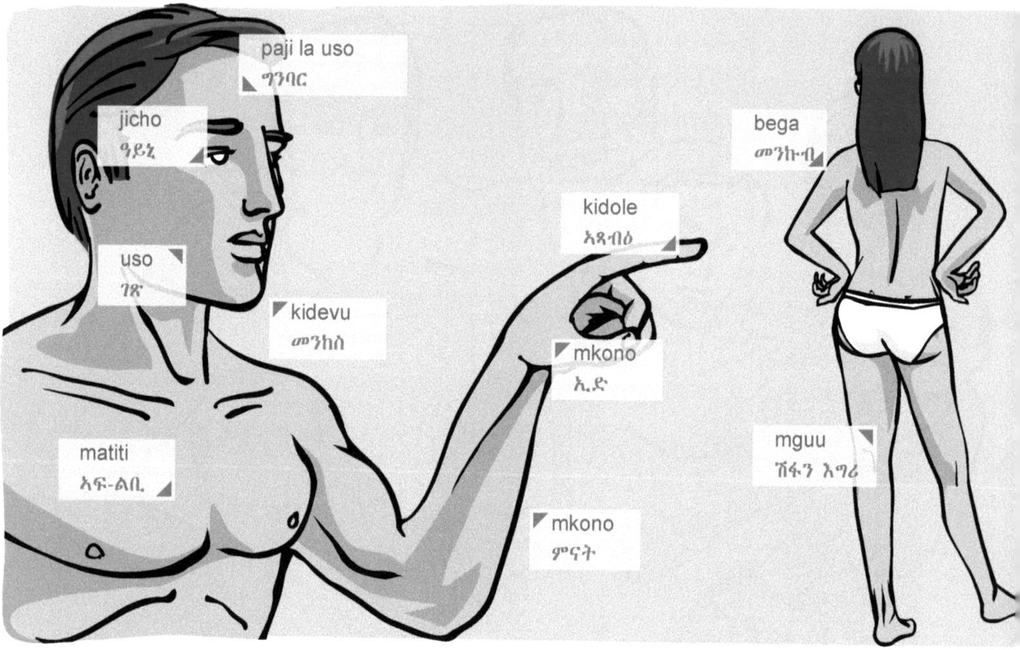

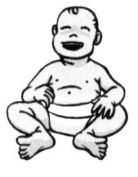

mtoto
....
ማማይ

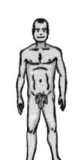

mwanamume
....
ሰብኣይ

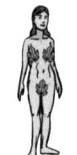

mwanamke
....
ሰበይቲ

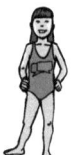

msichana
....
ጓል

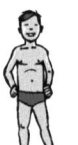

mvulana
....
ወዲ

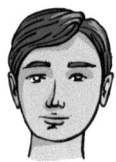

kichwa
....
ርእሲ

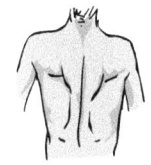

nyuma

ሕቆ

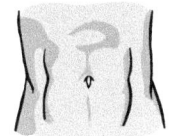

tumbo

ከስዐ

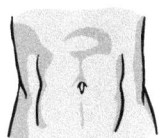

kitovu

ሕምብርቲ

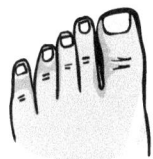

chano

አጻብዕ እግሪ

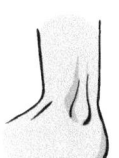

kisigino

ኩርኩረ

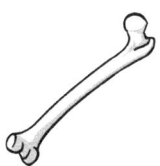

mfupa

ዓጽሚ

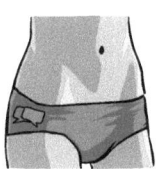

nyonga

ምሕኮልቲ

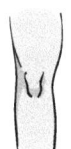

goti

ብርኪ

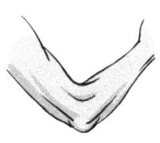

kiwiko

ፍግፍጉ

pua

አፍንጫ

chini

መዓኮር

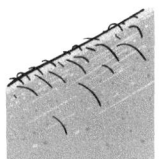

ngozi

ቆርበት

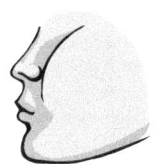

shavu

ምዕጉርቲ

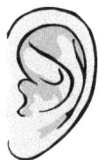

sikio

እዝኒ

mdomo

ከንፈር

kinywa

አፍ

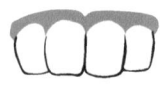

jino

ስኒ

ulimi

መልሓስ

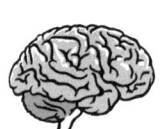

ubongo

ሓንጎል

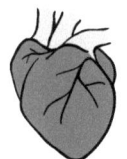

moyo

ልቢ

misuli

ጭዋዳ

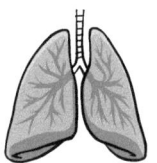

pafu

ሳንቡእ

ini

ጸላም ከብዲ

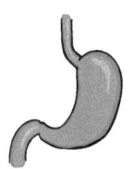

tumbo

ከብዲ

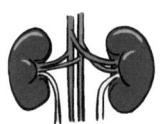

figo

ኲሊት

jinsia

ግብሪ ስጋ

kondomu

ኮንዶም

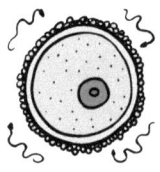

ovari

እንቋቑሖ

shahawa

ዘርኢ ተባዕታይ

mimba

ጥንሲ

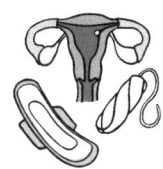

hedhi

ጽግያት

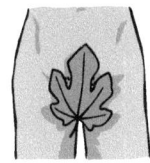

uke

ርሕሚ

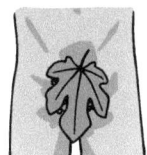

uume

መትሎ

unyusi

ሽፋሽፍቲ

nywele

ጸግሪ

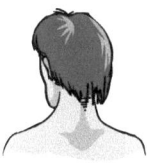

shingo

ክሳድ

hospitali

ሆስፒታል

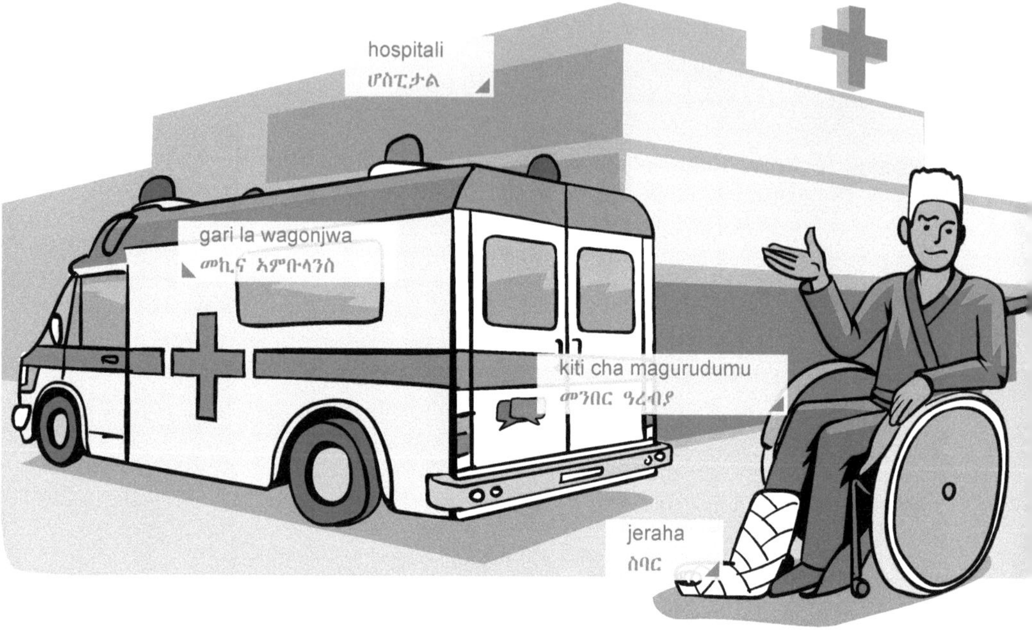

hospitali
ሆስፒታል
gari la wagonjwa
መኪና ኣምቡላንስ
kiti cha magurudumu
መንበር ዓረብያ
jeraha
ስባር

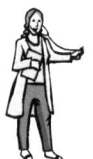

daktari

ሓኪም

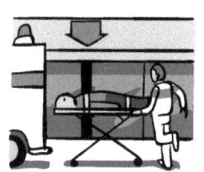

chumba cha dharura

ክፍሊ ህጹጽ ረድኤት

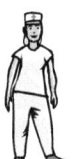

muuguzi

ኣላይት

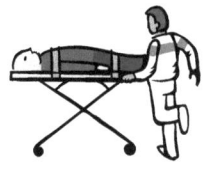

dharura

ህጹጽ ኩነት

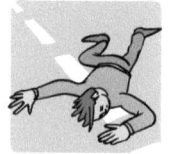

kupoteza fahamu

ውነኡ ዘጥፍአ

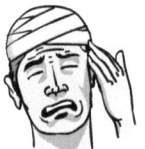

maumivu

ቃንዛ

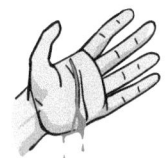

kuumia

ጉድአት

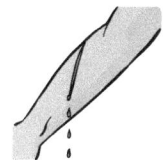

kutokwa na damu

ደም

mshtuko wa moyo

ማህረምቲ

kiharusi

ማህረምቲ

mzio

አለርጂ

kikohozi

ሰዓል

homa

ረስኒ

mafua

ኡንፍልወንዛ

kuharisha

ውጽአት

maumivu ya kichwa

ቃንዛ ርእሲ

kansa

መንሽሮ

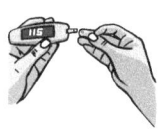

ugonjwa wa kisukari

ሽኮርያ

daktari mpasuaji

ሓኪም መጥባሕቲ

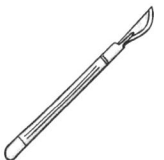

kisu kidogo cha kupasulia

መጥብሒ

operesheni

መጥባሕቲ

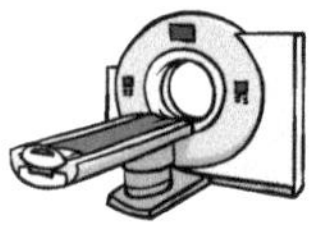

picha changanufu ya mwili

CT

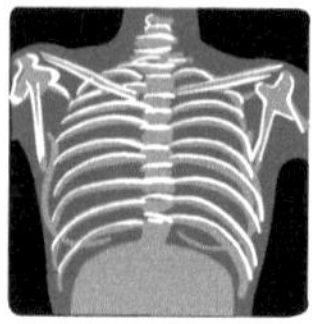

Eksrei

ራጂ

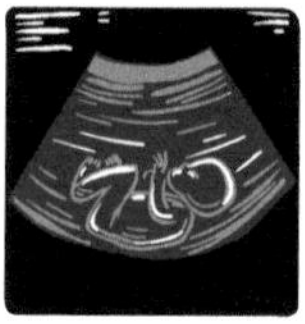

mawimbi sauti

ልዕለ ድምጻዊ

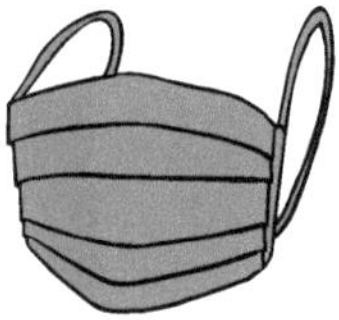

barakoa ya uso

መሸፈኒ ገጽ

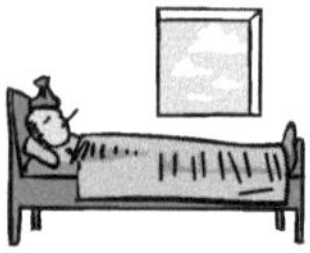

ugonjwa

ሕማም

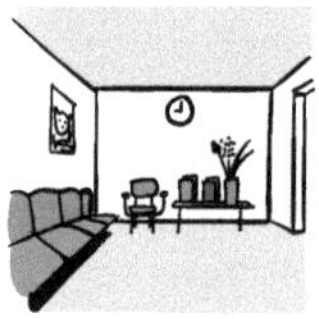

chumba cha kusubiri

ክፍሊ ምጽባይ

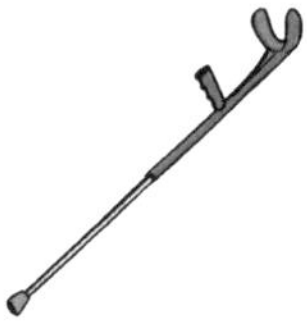

mkongojo

ምርኩስ

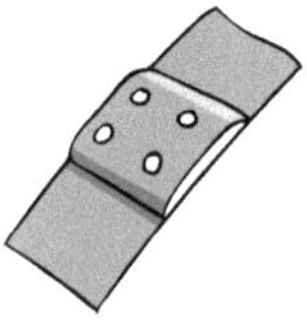

plasta

መጀነኒ ቑስሊ

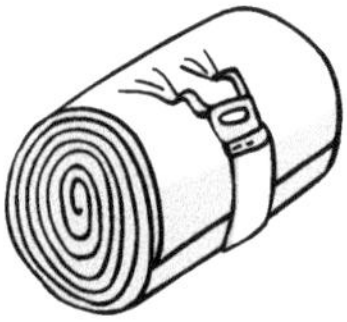

bendeji

መጀነኒ

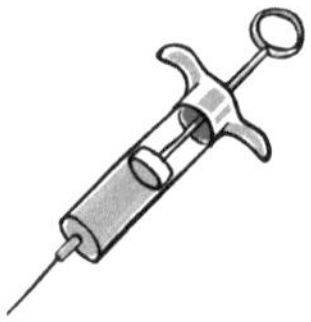

sindano

መርፍዕ ምውጋእ

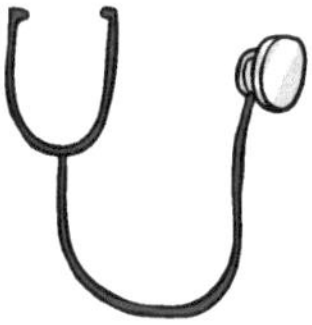

stetoskopu

ስተቶስኮፕ

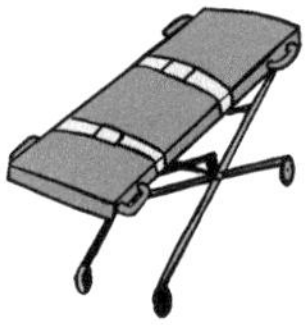

machela

መሰከሚ ሕማም

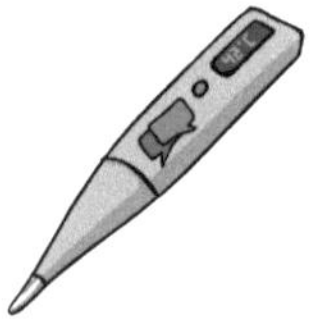

kipimajoto cha kliniki

ቴርሞመተር

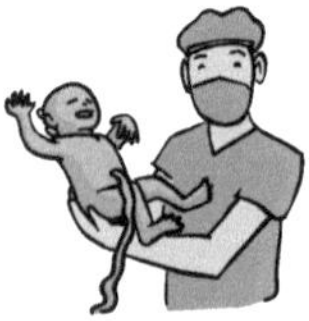

kuzaliwa

ትውልዲ

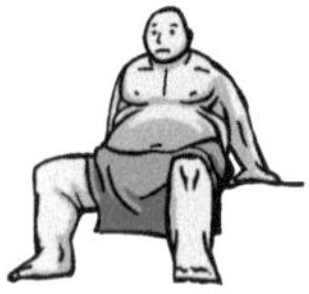

unene kupita kiasi

ልዕለ-ሚዛን

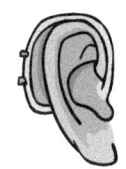

kusikia misaada

ሓገዝ ምስማዕ

kipukusi

አንጻሂ

maambukizi

ልበዳ

virusi

ቫይረስ

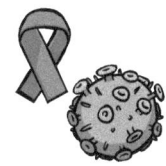

VVU / UKIMWI

ኤድስ

dawa

ሕክምና

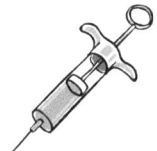

chanjo

ክታብ

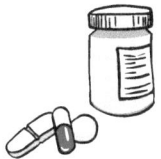

vidonge

ክኒና

kidonge

ክኒና

simu ya dharura

ህጹጽ ምድዋል

haemodainamometa

መዐቀኒ ጽፍጢ ደም

mgonjwa / mwenye afya

ሕሙም / ጥዑይ

Msaada!

ሓገዝ

kengele

ኣላርም

pigo

ምህጃም

shambulizi

መጥቃዕቲ

hatari

ድንገት

lango la dharura

ህጹጽ መውጽኢ

Moto!

ሓዊ!

kizima moto

መጥፍኢ ሓዊ

ajali

ሓደጋ

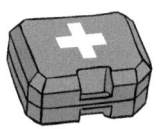

vifaa vya huduma ya kwanza

ሳንጣ ቀዳማይ ረድኤት

wito wa msaada

SOS

polisi

ፖሊስ

Ulaya

ኤውሮጳ

Amerika ya Kaskazini

ሰሜን አመሪካ

Amerika ya Kusini

ደቡብ አመሪካ

Afrika

አፍሪቃ

Asia

ኤስያ

Australia

አውስትራልያ

Atlantiki

አትላንቲክ

Pasifiki

ፓሲፊክ

Bahari ya Hindi

ህንዳዊ ዉቕያኖስ

Bahari ya Antaktiki

አንታርቲካዊ ዉቕያኖስ

Bahari ya Aktiki

አርክቲካዊ ዉቕያኖስ

Ncha ya Kaskazini

ሰሜናዊ ዋልታ

Ncha ya Kusini

ደቡባዊ ዋልታ

Antaktika

አንታርቲካ

dunia

ምድሪ

nchi

መሬት

bahari

ባሕሪ

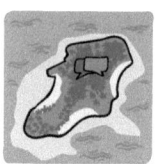

kisiwa

ደሴት

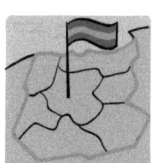

taifa

ሃገር

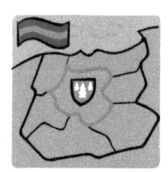

jimbo

ዓዲ

uso wa saa

ገጽ ሰዓት

akrabu ya saa

አመልካቺ ሰዓታት

akrabu ya dakika

አመልካቺ ደቃይቛ

akrabu ya sekunde

አመልካቺ ካልኢት

Ni saa ngapi?

ሰዓት ክንደይ አሎ?

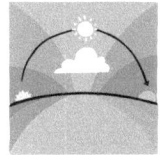

siku

መዓልቲ

wakati

ግዜ

sasa

ሕጂ

saa ya dijitali

ዲጊታል ሰዓት

dakika

ደቒቛ

saa

ሰዓት

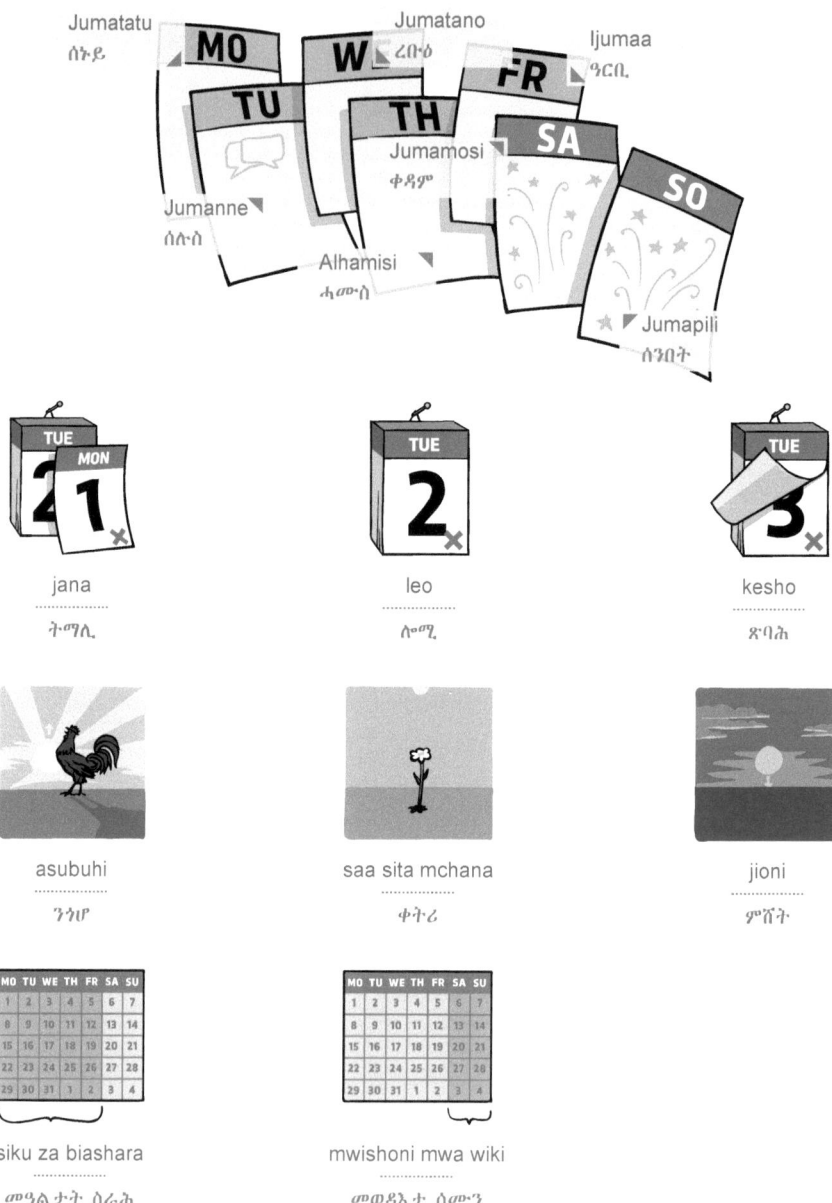

Jumatatu
ሰኑይ

MO

Jumatano
W ረቡዕ

Ijumaa
ዓርቢ

TU

TH

FR

Jumamosi
ቀዳም

SA

Jumanne
ሰሉስ

SO

Alhamisi
ሓሙስ

Jumapili
ሰንበት

jana	leo	kesho
ትማሊ	ሎሚ	ጽባሕ

asubuhi	saa sita mchana	jioni
ንግሆ	ቀትሪ	ምሽት

siku za biashara

መዓልታት ስራሕ

mwishoni mwa wiki

መወዳእታ ሰሙን

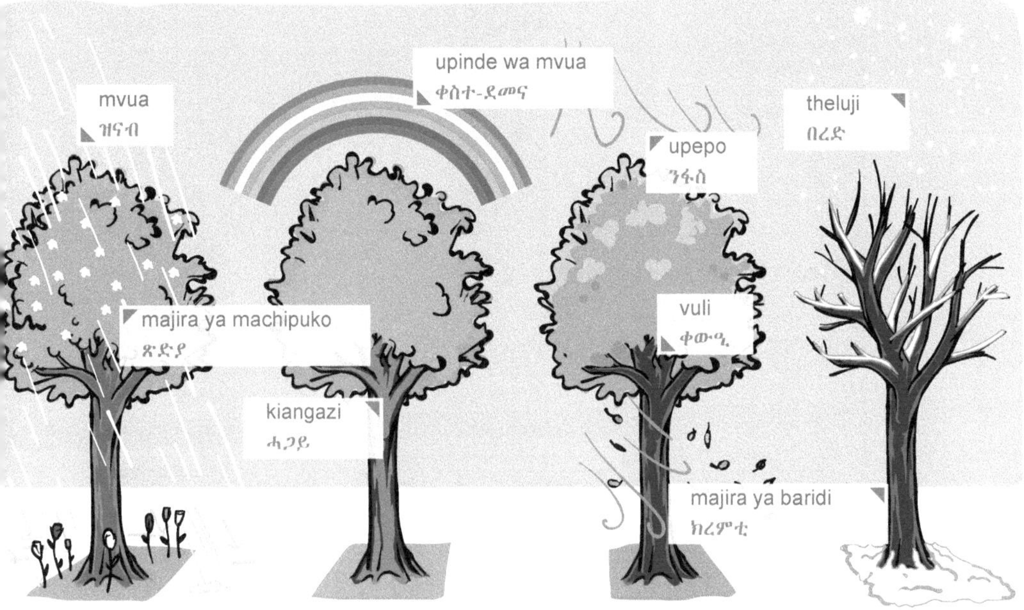
mvua
ዝናብ
upinde wa mvua
ቀስተ-ደመና
theluji
በረድ
upepo
ንፋስ
majira ya machipuko
ጽድያ
vuli
ቀውዒ
kiangazi
ሓጋይ
majira ya baridi
ክረምቲ

4.APRIL 11°
5.APRIL 4°
6.APRIL 13°
7.APRIL 8°
8.APRIL 10°

utabiri wa hali ya hewa

ትንቢት ኩነታት ኣየር

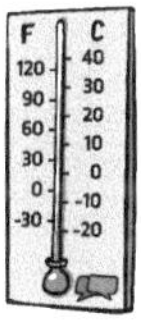
F C
120 40
90 30
60 20
30 10
0 0
-30 -10
-20

kipimajoto

ቴርሞመተር

mwanga wa jua

ብርሃን ጸሓይ

wingu

ደበና

ukungu

ግመ

unyevu

ጠሊ

umeme

ብርቂ

radi

ነጐዳ

dhoruba

ህቦብላ

mvua ya mawe

በረድ

monsuni

ብርቱዕ ህቦብላ

mafuriko

ውሕጅ

barafu

በረድ

Januari

ጥሪ

Februari

ለካቲት

Machi

መጋቢት

Aprili

ሚያዝያ

Mei

ጉንበት

Juni

ሰነ

Julai

ሓምለ

Agosti

ነሓሰ

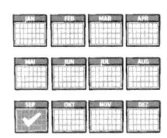

Septemba

መስከረም

Oktoba

ጥቅምቲ

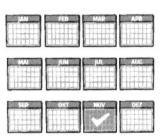

Novemba

ሕዳር

Desemba

ታሕሳስ

maumbo
ቅርጻታት

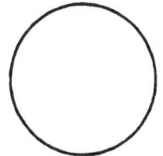

mduara

ዙርያ

mraba

ትርብዒት

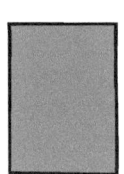

mstatili

ቅኑዕ ርቡዕ ከርናዕ

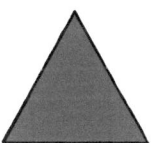

pembetatu

ስሉስ ኩርናዕ

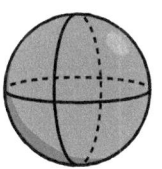

nyanja

ኳቢ

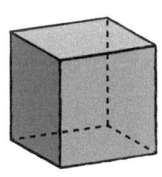

mchemraba

ኩቦ

nyeupe

ጸዕዳ

manjano

ብጫ

chungwa

አራንሺ

rangi ya waridi

ፒንክ

nyekundu

ቀይሕ

hudhurungi

ጆኽ

bluu

ሰማያዊ

kijani

ቀጠልያ

hanja

ቡናዊ

jivujivu

ሓሙኽሽታይ

nyeusi

ጸሊም

mengi / kidogo

ብዙሕ / ውሑድ

hasira / pole

ሕሩቕ / ሰላማዊ

nzuri / mbaya

ጽቡቕ / ክፉእ

mwanzo / mwisho

መጀመርያ / መወዳእታ

kubwa / ndogo

ዓቢ. / ንእሽቶ

angavu / giza

ብራህ / ጸልማት

kaka / dada

ሓው / ሓፍት

safi / chafu

ጽሩይ / ርሳሕ

kamilika / tokamilika

ምሉእ / ዘይምሉእ

siku / usiku

መዓልቲ / ለይቲ

wafu / hai

ሙዉት / ህልው

pana / nyembamba

ሰፊሕ / ጸቢብ

kulika / kutolika

ደስ ዘበል / ደስ ዘይብል

ovu / ema

እኩይ / ህያዋይ

sisimkwa / udhika

ርቡጽ / ስልኩይ

nene / nyembamba

ረጊድ / ቀጢን

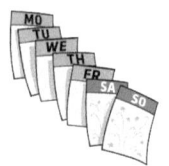

kwanza / mwisho

ቀዳማይ / ናይ መወዳእታ

rafiki / adui

ዓርኪ / ጸላኢ

jaa / tupu

ምሉእ / ባዶ

ngumu / laini

ተሪር / ልስሉስ

nzito / nyepesi

ከቢድ / ፈኩስ

njaa / kiu

ጥምየት / ጽምየት

mgonjwa / mwenye afya

ሕሙም / ጥዑይ

haramu / kisheria

ዘይሕጋዊ / ሕጋዊ

akili / kijinga

መስተውዓሊ / ስዲ

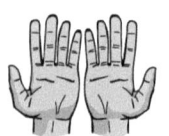

kushoto / kulia

ጸጋም / የማን

karibu / mbali

ቐረባ / ርሑቕ

mpya / kutumika

ሓዲሽ / ብሉይ

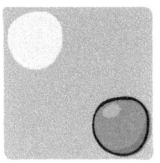

kitu / jambo

ዋላ ሓደ / ገለ

zee / changa

ዓቢ/ኣረጊት / መንእሰይ

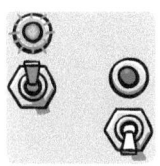

waka / zima

ወለዐ / ኣጥፍአ

wazi / fungwa

ክፉት / ዕጹው

utulivu / kelele

ህዱእ / ዓው

tajiri / masikini

ሃብታም / ድኻ

sahihi / kosa

ቅኑዕ / ግጉይ

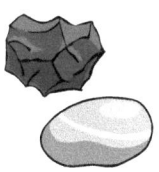

mbaya / laini

ሓርፋፍ / ልሙጽ

huzunika / furahia

ጉሁይ / ሕጉስ

fupi /ndefu

ሓጺር / ነዊሕ

polepole / haraka

ቀስ / ቅልጡፍ

nyevu / kavu

ጥሉል / ንቑጽ

joto / baridi

ምዉቕ / ዝሑል

vita / amani

ውግእ / ሰላም

0

sufuri

ዜሮ

1

moja

ሓደ

2

mbili

ክልተ

3

tatu

ሰለስተ

4

nne

አርባዕተ

5

tano

ሓሙሽተ

6

sita

ሽዱሽተ

7

saba

ሽውዓተ

8

nane

ሽሞንተ

9

tisa

ትሽዓተ

10

kumi

ዓሰርተ

11

kumi na moja

ዓሰርተ ሓደ

12
kumi na mbili

ዓሰርተ ክልተ

13
kumi na tatu

ዓሰርተ ሰለስተ

14
kumi na nne

ዓሰርተ ኣርባዕተ

15
kumi na tano

ዓሰርተ ሓሙሽተ

16
kumi na sita

ዓሰርተ ሽዱሽተ

17
kumi na saba

ዓሰርተ ሸውዓተ

18
kumi na nane

ዓሰርተ ሸሞንተ

19
kumi na tisa

ዓሰርተ ትሽዓተ

20
ishirini

ዕስራ

100
mia

ሚእቲ

1.000
elfu

ሽሕ

1.000.000
milioni

ሚልዮን

Kiingereza

እንግሊዝኛ

Kiingereza cha Marekani

አሜሪካዊ እንግሊዛዊ

Kimandarini cha Uchina

ቻይናዊ ማንዳሪን

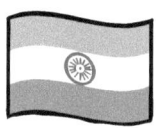

Kihindi

ሂንዳዊ

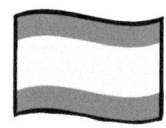

Kihispania

እስጳኛዊ

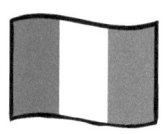

Kifaransa

ፈረንሳዊ

Kiarabu

ዓረባዊ

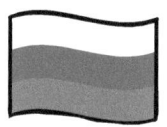

Kirusi

ሩሲያዊ

Kireno

ፖርቱጋላዊ

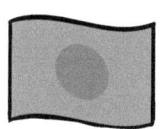

Kibengali

በንጋሊ

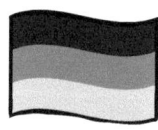

Kijerumani

ጀርመናዊ

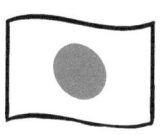

Kijapani

ጃፓናዊ

mimi

አነ

wewe

ንስኻ/ኺ

yeye / yeye / ni

ንሱ / ንሳ / ንሱ

sisi

ንሕና

wewe

ንስኻ

wao

ንሳቶም

nani?

መን?

nini?

እንታይ?

jinsi gani?

ከመይ?

wapi?

አበይ?

lini?

መዓስ?

jina

ሽም

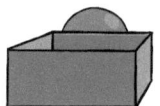

nyuma

ድሕሪ

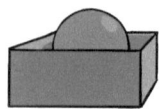

katika

ኣብ

mbele ya

ኣብ ቅድሚ

juu ya

ኣብ ላዕሊ.

kwenye

ኣብ ልዕሊ.

chini ya

ትሕቲ ምድሪ

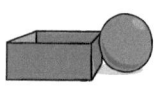

kando

ኣብ ጥቓ

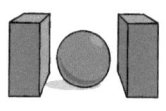

kati

ኣብ መንጎ

mahali

ቦታ